Werner Sombart
Das Lebenswerk von Karl Marx

SEVERUS Verlag

Sombart, Werner: Das Lebenswerk von Karl Marx. Sein sozialer und wirtschaftlicher Einfluss im beginnenden 20. Jahrhundert. 2019 Neuauflage der Ausgabe von 1909
ISBN: 978-3-96345-024-2

Korrektorat: Chiara Mohme
Satz: Jana Rosebrock

Umschlaggestaltung: Annelie Lamers, SEVERUS Verlag

Bibliografische Information der Deutschen Nationalbibliothek: Die Deutsche Nationalbibliothek verzeichnet diese Publikation in der Deutschen Nationalbibliografie; detaillierte bibliografische Daten sind im Internet über https://dnb.de abrufbar.

Der SEVERUS Verlag ist ein Imprint der Bedey & Thoms Media GmbH, Hermannstal 119k, 22119 Hamburg

SEVERUS Verlag, 2019
http://www.severus-verlag.de
Gedruckt in Deutschland
Der SEVERUS Verlag übernimmt keine juristische Verantwortung oder irgendeine Haftung für evtl. fehlerhafte Angaben und deren Folgen.

Werner Sombart

Das Lebenswerk von Karl Marx

Sein sozialer und witschaftlicher Einfluss im beginnenden 20. Jahrhundert

Inhalt

I.

WAS MARX BEI SEINEM TODE GALT UND
WAS ER HEUTE GILT

Im Jahre 1908 war ein Vierteljahrhundert seit dem Tode K a r l M a r x e n s verflossen. Das hat viele Federn und viele Münder in Tätigkeit gesetzt, die es unternommen haben, ein Fazit der Leistungen zu ziehen, die dieser seltsame Mann vollbracht hat. Und es scheint fast, als habe dieses Bestreben, sich und der Mitwelt Rechenschaft zu geben von dem Lebenswerke M a r x e n s im gegenwärtigen Augenblick mehr als die rein äußerliche Bedeutung der Erinnerungsfeier. Täuscht nicht alles, so bedeuten diese Jahre auch innerlich für M a r x und sein Werk eine Epoche: sein Einfluss auf Leben und Wissenschaft hat, will mich bedünken, gerade in diesen Zeiten seinen Höhepunkt erreicht und beginnt sich zu mindern. Um das triviale Wort zu gebrauchen: M a r x ist theoretisch und praktisch »überwunden«; er hat seine eigene geschichtliche Mission erfüllt. Wir aber, die wir ein gut Teil unseres Lebens hingegeben haben, um für M a r x zu kämpfen, sind aus der Zeit des leidenschaftlichen Hassens und Liebens heraus und haben angefangen, M a r x gegenüber Distanz zu gewinnen: sodass wir ihn selber jetzt als eine rein historische Erscheinung objektiv zu werten vermögen. Weshalb in der Tat aus subjektiven wie objektiven Gründen der Augenblick nicht ungeeignet erscheint, im Zusammenhang auszusprechen, worin wir die historische Bedeutung M a r x e n s erkennen sollen.

3

Will man die Leistungen eines Mannes abschätzen, so wird man zunächst nach der äußeren Geltung fragen, die er bei Lebzeiten oder nach seinem Tode gewonnen hat. Denn in dieser Geltung kommt schon an und für sich ein Teil der geschichtlichen Bedeutung eines Menschen zum Ausdruck, sie ist aber dann weiter ein wichtiges Merkmal, um diese Bedeutung in ihrer Wahrheit richtig zu erkennen.

Fragen wir aber, was M a r x galt oder gilt, so müssen wir immer den Theoretiker M a r x von dem Politiker M a r x unterscheiden, müssen auch immer die vielfach so ganz einander fremden Kreise unserer Völker: die bürgerlichen und die proletarischen als besondere Geltungsbereiche in Ansehung nehmen.

Dass M a r x äußerlich einen ganz außergewöhnlich großen Kreis von Interessen berührt, weiß heute jedermann. Aber es verdient wohl der besonderen Hervorhebung, dass dieser Kreis sich erst nach dem Tode M a r - x e n s im Wesentlichen gebildet hat. Um ihn daher in seiner ganzen Größe zu ermessen, ist nichts so sehr geeignet als ein Vergleich zwischen dem, was M a r x bei seinem Tode galt und dem, was er heute gilt; genauer: zwischen dem Umkreis von Bewusstseinsinhalten, den er damals vor 25 Jahren erfüllte und den er heute erfüllt.

Am ehesten wurde M a r x , als er starb, noch als nationalökonomischer Theoretiker gewertet. Die meisten Zeitungsnotizen, die seinen Tod anmeldeten, enthielten (wenn überhaupt etwas außer der tatsächlichen Todesmeldung) kurze Worte der Anerkennung oder der Kritik über die theoretischen Leistungen des Verstorbenen.

Aber selbst diese Geltung als »Gelehrter«: wie beschränkt war sie nach außen wie nach innen! Wer las damals M a r x überhaupt?

Ein paar überspannte Schneidergesellen, die sich ihr bisschen Gehirn mit den kabbalistischen Formeln des »Kapitals« in Grund und Boden ruinierten und hie und da ein bürgerlicher Berufsnationalökonom. A d o l p h   W a g - n e r   vielleicht und S c h ä f f l e   und A d o l f   H e l d : ein als »Kenner« sozialistischer Literatur seiner Zeit viel bewunderter Ordinarius der Nationalökonomie in Bonn.

Aber was für einen M a r x   kannten diese wenigen?! Sicher nicht den, der M a r x   selber sein wollte und als der er dann später auch wirklich entdeckt wurde. M a r x   gehörte zu denjenigen Denkern, die ihrer eigenen Meinung nach immer missverstanden wurden. Selbst in den Kreisen seiner nächsten Freunde stieß M a r x   nur auf geringes Verständnis. Auch L a s s a l l e , ein immerhin ganz gescheiter Kerl, der doch gewiss auch den besten Willen hatte, in den Geist der M a r x 'schen Lehren einzudringen, blieb ohne Erleuchtung: der Abschnitt seiner Schrift gegen S c h u l - z e - D e l i t z s c h , worin er die »geistige Quintessenz« der M a r x 'schen Theorie geben wollte, »enthält bedeutende Missverständnisse«, wie M a r x   nach L a s s a l l e s   Tode festzustellen für notwendig erachtete.

Und gar erst die »Kleinen von den Seinen«! Als sie 1875 mit Aufbietung aller ihrer geistigen Kräfte, für die deutsche (geeinte) Sozialdemokratie ein Programm aus den Lehren ihres Führers Marx herauszudestillieren sich redlich bemühten, bekamen sie die Antwort aus London: es sei »ein durchaus verwerfliches und die Partei demoralisierendes Programm«, was sie da aufstellen wollten und dazu eine Kritik, die alle ihre »theoretischen« Ansichten, die marxisch sein wollten, kurz und klein schlug.

Verstanden ihn seine Parteigänger nicht: wie sollten ihn seine politischen Gegner verstehen, die er ja samt und sonders für Idioten erklärte.

Und die Hauptsache: er hatte Recht. Das Verständnis für die Wesenheit M a r x 'scher Lehren war äußerst gering: *intra muros et extra.*

Immer nahm man Marx vor allem »ethisch«. Man sah in ihm im Wesentlichen nur den Werttheoretiker, und zwar einen ethisch orientierten Werttheoretiker, offenbar weil man über die ersten Kapitel des Kapitals, jedenfalls aber über dessen ersten Band, nicht hinausgekommen war: weil man noch nicht erkannt hatte, dass viel mehr M a r x 'scher Geist in den kleinen Schriften steckt als in dem Hauptwerk selbst.

Ich nannte schon A d o l f H e l d , der sich zu seiner besonderen Aufgabe gemacht hatte: die Sozialdemokratie »von innen heraus« durch wissenschaftliche Gegengründe zu überwinden. Man muss in H e l d s Schriften lesen, um einzusehen, wie grundverkehrt man damals K a r l M a r x verstand. »Es ist in der Sozialdemokratie zu unterscheiden«, heißt es in Helds »Grundriss für Vorlesungen über Nationalökonomie«, 2. Aufl. 1878, »einerseits das Element des ökonomischen Sozialismus, d a s h e i ß t die Theorie vom Wert und Einkommen, welche für sich allein betrachtet zwar unwahr resp. utopisch, aber durchaus würdig ist, diskutiert zu werden, und andererseits das politisch-revolutionäre Element und die zugrundeliegende materialistische, allen anerkannten Sittengesetzen widerstrebende Tendenz.« In dem aus offenbar »sachkundiger« Feder stammenden Nachruf der Kreuzzeitung heißt es: »M a r x ' Lehren von der Unproduktivität des Geldkapitals, von der mangelnden ›substantiellen Verbindung zwischen Gebrauchs- und Tauschwert‹, von dem wert bildenden Prinzip der Arbeit und von der ›gesellschaftlichen Arbeitszeit‹ als einzigem Maßstabe des Wertes«. Diese – und keine anderen! – Lehren gewannen … ein Ansehen … usw.

Fasste man Marx aber nicht rein ökonomisch-ethisch, sondern sozialphilosophisch, so wurde er nach dem alten Schulschema den »extremen Individualisten« angereiht, von denen die offizielle Wissenschaft schlimme Dinge zu berichten wusste. Einzusehen etwa Professor D i e t z e l s Buch über Rodbertus aus dem Jahre 1886.

Dann nach seinem Tode begann man M a r x langsam zu würdigen: erst im sozialistischen Lager, wo S c h ö n - l a n k , K a u t s k y und andere ihre wissenschaftliche Laufbahn begannen; dann im Kreise »bürgerlicher« Nationalökonomen. Der entscheidende Wendepunkt fällt in das Jahr 1894. Damals erschien der dritte Band des »Kapitals«, dessen Besprechung ich mit den Worten begleiten konnte: »Ja, man darf sich freuen auf den Kampf, der gerade um den Marxismus, einen der exponiertesten Posten der politischen Ökonomie entbrennen wird. Es wird ein fröhliches Jagen entstehen, die Geister, durch die Grenznützler nun endlich aus ihrem Schlummer erweckt, werden gar heftig aufeinander platzen. Aber das gerade ist ja trefflich, in *majorem scientiae gloriam* zu streiten. Es wird manchen Fachgenossen, namentlich unter den Älteren geben, der bei diesen Worten ein Lächeln nicht unterdrücken kann: ob es denn wirklich Ernst sei, einen längst Begrabenen wie K a r l M a r x wieder von den Toten zu erwecken, sein zehnmal ›widerlegtes‹ System wieder zum Gegenstande der Kritik machen, ja es geradezu in den Mittelpunkt der wissenschaftlichen Diskussion stellen zu wollen. Nun, wir Jüngeren werden schon dafür sorgen, dass ihnen das Lachen mälig vergeht. Wir sind der Meinung, dass wir nicht am Ende, sondern just am Anfang der Marx-Kritik stehen. Und können unser Verwundern nicht ganz unterdrücken, dass man überhaupt schon von einer ›Kritik‹ hat reden wollen, ehe – das System fertig war.«

Der Lauf der Dinge hat die Richtigkeit dieser Auffassung erwiesen.

Im Jahre 1883 galt M a r x bei allen Theoretikern bürgerlicher Observanz als längst »widerlegt«. Seitdem aber hat die Wissenschaft überhaupt erst angefangen, sich mit

ihm zu beschäftigen. Bis zum Jahre 1883 zähle ich in meiner
M a r x -Bibliografie 20 Schriften über M a r x : seit diesem
Jahre bis 1904 280, von denen in das Jahrelft 1884–1894
58, in das Jahrzehnt 1895–1904 dagegen 214 fallen. M a r x
ist zum Mittelpunkt aller irgendwie ernst zu nehmenden
Erörterungen sozialwissenschaftlichen Inhalts geworden.
Fast möchte man sagen: er ist auf dem Wege, universitäts-
fähig zu werden. Kostete es einem akademischen Lehrer
noch vor 15 Jahren, wenn auch nicht die Stellung, so doch
die Karriere: das bloße Bekenntnis, dass er K a r l   M a r x
für einen sehr großen Denker halte, und wurde der, der
also bekannte, für einen Sonderling und Halbidioten
gehalten: so pfeift es heute jeder belanglose Privatdozent
vom Katheder: dass niemand, der sich mit Nationalökonomie, Wirtschaftsgeschichte, Sozialphilosophie befasst,
an K a r l   M a r x vorbei kann, ohne sich selbst zur Ste-
rilität zu verdammen, dass alle, die nicht durch M a r x
hindurchgegangen und in irgendeiner Form mit ihm und
seinen Lehren fertig geworden sind, als sozialwissenschaft-
liche Theoretiker einfach nicht mitzählen (wie ein Biologe,
der an D a r w i n , ein Optiker, der an H e l m h o l t z ,
ein Bakteriologe, der an R o b e r t   K o c h vorbeigehen
wollte). Stürbe M a r x heute erst, so müsste die Wissenschaft bekennen: dass der einzige lebende Sozialtheoreti-
ker großen Stils von uns gegangen sei.

Und wie die Bedeutung M a r x e n s als Theoretiker
nach seinem Tode erst in weiteren Kreisen anerkannt
worden ist, so hat man auch seitdem erst recht eigentlich
M a r x verstehen gelernt. Wir Jüngeren (die wir heute
schon anfangen zu den Alten zu zählen), gleichgültig ob
sozialistischer oder bürgerlicher Observanz, die wir für
Marx als Denker vor einem halben Menschenalter eintra-
ten, haben ihn, wenn ich den Ausdruck gebrauchen darf,
als Theoretiker gleichsam erst entdecken müssen. Wir

hatten die Aufgabe, erst einmal die tausend Missverständnisse »aufzuklären«, die um die M a r x 'schen Theorien herumgewachsen waren; wir mussten dann die M a r x 'schen Lehren selber in ein richtiges Verhältnis zueinander bringen und mussten vor allem ihrer Seele habhaft zu werden trachten, ehe wir wagen durften (was so viele vor uns getan hatten), diese Theorien zu lehren, und, soweit sie unhaltbar waren, zu widerlegen.

*

Und was für den wissenschaftlichen M a r x gilt, gilt in noch höherem Grade für den politischen: auch als sozialistischer Führer musste er erst nach seinem Tode entdeckt werden. Erst seitdem ist – extensiv wie intensiv – die überragende Bedeutung der M a r x schen Ideen für die soziale Bewegung zutage getreten.

Vergegenwärtigen wir uns doch, was Marx bei seinem Tode als sein Werk anzusprechen vermochte.

Geltung hatte er fast nur innerhalb der deutschen Sozialdemokratie. Im Ausland gab es vor 25 Jahren entweder überhaupt noch keine nennenswerte sozialistische Bewegung oder wo sie bestand, war sie von ganz anderem Geiste erfüllt als dem, den Marx verbreiten wollte.

In England war eben die S.D.F. begründet worden; aber wahrscheinlich konnten die überzeugten Sozialdemokraten in einer Droschke nach Hause fahren: noch 12 Jahre später – 1895 –wurden in ganz Großbritannien für alle Schattierungen des Sozialismus erst 55.000 Stimmen bei den Wahlen abgegeben. In Frankreich zählten die Sozialisten im Jahre 1887 erst 47.000 Wahlstimmen; unter denen aber gewiss keine 47 M a r x 'scher Observanz waren. Noch beherrschte hier wie in Italien der reine blanquistische Revolutionismus oder ein kleinbürgerlicher Proudhonismus die Geister. Und in den übrigen Ländern dasselbe

Bild: in der Schweiz 22.063 Stimmen im Jahre 1886; in Dänemark, dem heute so stark sozialistischen Lande 1881 1689 Stimmen; in Holland (1880) 17 Stimmen usw. Nach einer Zusammenstellung, die vor einigen Jahren das Internationale Sozialistische Sekretariat gemacht hat, wurden im Jahre 1882, dem letzten vor M a r x e n s Tode, in allen Ländern der Erde für sozialistische Abgeordnete 428.004 Stimmen abgegeben. Davon etwa zwei Drittel in Deutschland. Hier gab es noch am meisten modernen Sozialismus. Aber auch da: wie kläglich schaute es um jene Zeit in der sozialistischen Welt aus.

Seit vier Jahren war das Sozialistengesetz in Geltung und man wird nicht fehlgehen, wenn man annimmt, dass gerade im Anfang der 1880er Jahre der sozialistischen Bewegung die tiefsten Wunden geschlagen waren. Um jene Zeit hatte das Gesetz am meisten zerstört und die neuen Keime, die dann gegen das Ende der 1880er Jahre, als es allmählich milder gehandhabt wurde, ansetzten, waren noch nicht vorhanden. Eine sozialdemokratische Presse von irgendwelcher Bedeutung und irgend ausgeprägter Gesinnung gab es nicht; das Berliner Volksblatt, aus dem dann der Vorwärts erblühen sollte, wurde ein Jahr nach M a r x e n s Tode gegründet. Die Zahl der sozialdemokratischen Stimmen war im Jahre 1881 auf 312.000 zurückgegangen: das heißt hinter den Stand des Jahres 1874, in dem 352.000 Stimmen abgegeben waren; während 1877 schon fast die halbe Million (493.000) erreicht war. Die Zahl der Abgeordneten betrug 12, soviel wie schon 1877 (um dann erst bei den Wahlen von 1884 sich zu verdoppeln). Ihre Kongresse konnte die sozialdemokratische Partei in Deutschland nicht abhalten: 1880 hatte eine Delegiertenversammlung in Wyden in der Schweiz getagt; 1883 ging man nach Kopenhagen, um sich auszusprechen. Gerade diese traurigsten Zeiten, die der Sozialismus überhaupt bisher in

Deutschland erlebt hat, waren in die letzten Lebensjahre M a r x e n s gefallen.

Aber wenn wenigstens in diesem kleinen verfolgten Häuflein M a r x e n s Geist in Reinheit geherrscht hätte. Auch das war gewiss nicht der Fall. Dazu war dieser Geist selber noch zu wenig geläutert, hatte er noch zu wenig in andern Wurzel geschlagen.

Beweis der Richtigkeit dessen: was ich über die Kritik berichtete, die M a r x selber über das sog. »Einigungsprogramm« fällte, auf das sich im Jahre 1875 die Lassalleaner mit den Eisenachern (Marxianern) geeinigt hatten und das bis zum Jahre 1890 das offizielle Parteiprogramm der deutschen Sozialdemokratie geblieben ist.

Was seitdem die sozialistische Bewegung rein äußerlich geworden ist, weiß jedermann. Nicht nur in Deutschland, wo die Sozialdemokratie mit ihren 3.000.000 Stimmen heute längst die größte Partei bildet: auch und gerade in den übrigen Ländern hat sich in den letzten 25 Jahren eine sozialistische Bewegung recht eigentlich erst entfaltet. Man zählt heute etwa 5 Millionen sozialistische Wähler in den verschiedenen Staaten, hinter denen sicher 20–25 Millionen Sozialisten stehen. Und was für uns hier die Hauptsache ist: dieses riesige Heer steht unter der geistigen Leitung marxistischer Ideen. Das kann schon entnommen werden daraus, dass es äußerlich sich in dem Sinne von M a r x zu einer großen Einheit zusammengeschlossen hat: die »Internationale Arbeiterassoziation«, die M a r x , um sein Programm »Proletarier aller Länder, vereinigt Euch!« zur Durchführung zu bringen, 1864 gegründet hatte und die in der alten Form sich noch zu Lebzeiten Marxens auflöste, ist seitdem zur Wirklichkeit geworden.

Schon am 1. Mai 1890 konnte E n g e l s freudig bewegten Herzens ausrufen: »Heute, wo ich diese Zeilen schreibe, hält das europäische und amerikanische Proletariat Heerschau über seine zum ersten Male mobil gemachten Streitkräfte, mobil gemacht als ein Heer unter einer Fahne und für ein nächstes Ziel: den schon vom Genfer Kongress der Internationale 1866 und wiederum vom Pariser Arbeiterkongress 1899 proklamierten, gesetzlich festzustellenden achtstündigen Normalarbeitstag. Und das Schauspiel des heutigen Tages wird den Kapitalisten und Grundherren aller Länder die Augen darüber öffnen, dass heute die Proletarier aller Länder in der Tat vereinigt sind. Stände nur Marx noch neben mir, dies mit eigenen Augen zu sehen!« Seit 1890 aber ist die »neue« Internationale erst recht zur Entfaltung gelangt: große internationale Sozialistenkongresse, internationale Gewerkschaftskongresse, internationale Bureaus und anderes legen Zeugnis ab, dass in der Tat heute die sozialistischen Proletarier aller Länder vereinigt sind.

Vereinigt im Namen K a r l M a r x e n s . Denn dass der Geist dieses Mannes heute noch immer die Köpfe und die Herzen der sozialistischen Arbeitermassen erfüllt, darf füglich nicht bezweifelt werden. Wenn auch nicht in dem dogmatisch-kirchlichen Sinne, dass nun die Lehren des Meisters Wort für Wort in den Programmen der sozialistischen Parteien niedergeschlagen wären (man weiß, dass die letzten Jahre eine »Krisis des Marxismus«, einen »Revisionismus« und ähnliche Dinge gebracht haben, durch die der Bestand der positiven Sätze der M a r x 'schen Lehren stark vermindert worden ist), wohl aber in dem tieferen Sinne: dass die Sozialisten aller Länder heute stillschweigend die Grundgedanken der M a r x 'schen Weltanschauung in sich aufgenommen haben und dass sie ihn wie ihren Heiland verehren: nicht nur äußerlich durch Aufstellung seiner Büste bei jeder sozialistischen Veranstaltung, sondern vor allem auch innerlich: insofern kein einziger Anhänger der sozialistischen Parteien, so ketzerisch seine Gesinnung auch sein mag, sich gegen Marx aufzulehnen wagen würde: alle Revisionisten, Reformisten, Revolutionisten, die heute in der sozialistischen Kirche Skandal machen, wollen doch nie etwas anderes als die Reinheit der Lehre wiederherstellen: sie alle wollen die besten Marxisten sein, sowie alle christlichen Sektierer die besten Christen sein wollen.

Stürbe M a r x heute erst: er würde von jenen 25 Millionen Sozialistenherzen wie ein Vater betrauert werden: wie ein Vater, der seinen Kindern das Leben gab und der seine Kinder an seiner starken Hand durchs Leben geführt hat.

*

Es entsteht nun die Frage: auf was begründet sich diese ungeheuer weitreichende Geltung, die M a r x im letzten Menschenalter sowohl als Theoretiker, wie als sozialistischer Führer gewonnen hat. Offenbar sind zwei Dinge möglich: entweder ein Wahn hat die Geister ergriffen. Marx gilt so viel, weil so viele sich täuschen ließen: wie ein Wunderdoktor in hohem Ansehen bei Millionen Menschen stehen kann, obgleich er keiner einzigen Krankheit Herr zu werden vermag.

Oder aber M a r x hat wirklich Großes geleistet: Großes, das den Anhängern der sozialistischen Ideale Kraft und Stärke verlieh; Großes, das fruchtbar für die wissenschaftliche Erkenntnis der Welt geworden ist.

Aufgabe der folgenden Betrachtungen soll es sein, diese Frage für die beiden Seiten des M a r x 'schen Lebenswerkes zu beantworten; das heißt also seine Bedeutung festzustellen: für die soziale Bewegung unserer Zeit und für die soziale Wissenschaft (wobei unerörtert bleibt, welche »Bedeutung« für Kultur und Menschheit das eine wie das andere Betätigungsgebiet haben mag).

*

II.

Was Karl Marx für die soziale Bewegung bedeutet

Auf den ersten Blick erscheint es seltsam, dass gerade M a r x 'sche Ideen es sind, die in den Köpfen der Sozialisten zum Siege gelangt sind und alle anderen Ideen fast verdrängt haben. Denn von dem, was sonst die starke Sieghaftigkeit von Heilslehren erklärlich macht, enthalten die Schriften dieses Mannes nichts.

Arm sind sie an sozialen Ideen, arm an politischen Gedanken, arm an warmen, eindringlichen Tönen. Da wird den Massen kein Paradies verheißen; kein Wunderland wird ihnen vor die Sinne gebracht, in denen Milch und Honig fließt, in denen alle Menschen Grafen sind und ohne viel Arbeit sich des Lebens und seiner Genüsse freuen. Wie es etwa F o u r i e r tut oder W e i t l i n g . Die alles, was das Herz des armen Mannes nur erfreuen konnte, in dem Lande der Zukunft verwirklicht sahen, in dem das salzige Meerwasser in Limonade verwandelt war, die Menschen mit Rosen im Haar die tägliche Arbeit tändelnd verrichteten, in heiterem Freundeskreise an reich besetzter Tafel die vielen Mußestunden verbrachten und (die Hauptsache!) je drei bis vier schöne Frauen zu ihrer freien Verfügung hatten. Alle diese bunten Fantasmagorien fehlen bei M a r x . Kalt, wuchtig wie Hammerschläge fallen die Worte nieder: »Die Proletarier haben nichts zu verlieren als ihre Ketten: sie haben eine Welt zu gewinnen.« Eine »Welt«: etwas ganz Leeres, ganz Abstraktes, ganz Unsinnliches.

Man hört alte jüdische Propheten reden. Aber auch von denen hat Marx nichts als die Starrheit der Gesinnung. Nichts von dem Schwung ihrer Gefühle, nichts von ihrem großen Pathos. Niemals oder fast niemals wendet er sich an die großen Leidenschaften der Menschen, niemals ruft er die Massen auf, für die großen Ideale der Wahrheit und Gerechtigkeit in den Tod zu gehen; etwa wie es die Prinzip gewordenen Helden der Montagne dereinst getan hatten. Er spottet eher über die, die diesen Idealen ihr Leben opfern. »Sie (die Arbeiterklasse) hat keine Ideale zu verwirklichen; sie hat nur die Elemente der neuen Gesellschaft in Freiheit zu setzen, die sich bereits im Schoße der zusammenbrechenden Bourgeoise Gesellschaft entwickelt haben.« Also ein schemenhafter, blutleerer Dogmatismus an Stelle blühender, hinreißender, lebendiger Begeisterung.

Und trotz aller dieser abstoßenden Züge doch diese unerhörte Sieghaftigkeit der M a r x 'schen Doktrin! Wie sollen wir uns das erklären?!

Einem Teil der Gründe bin ich in meiner Schrift »Sozialismus und soziale Bewegung«[1] nachgegangen, auf die ich den Leser für alle Einzelheiten verweisen muss. Was ich dort an Gründen für die Sieghaftigkeit der M a r x 'schen Ideenwelt angeführt habe, könnte man als die r e a l e n W e r t e der Lehre bezeichnen; weil es diejenigen sind, die wirklich vorhanden sind, weil es sich um Gedankenschöpfungen handelt, die M a r x e n s eigenstes Werk sind, die auch so wie sie M a r x gemeint hat, aufgefasst werden und die auch einer späteren Kritik standgehalten haben. Sie haben teils positive, teils negative Vorzüge: es sind Gedanken, die teils deshalb wirken, weil sie da sind, teils deshalb, weil sie fehlen.

---

1   6. Aufl., Jena 1908

Des Zusammenhanges wegen will ich hier einige der Ausführungen wiederholen, die sich in meiner genannten Schrift mit dem Gegenstande beschäftigen. Sie werden auch außerhalb des Zusammenhanges, denke ich, in den Hauptzügen deutlich machen, um was es sich handelt, wenn wir von den großen Leistungen sprechen, die M a r x zu den anerkannten Führern des modernen Sozialismus gemacht haben.

Zunächst und vor allem – was uns jetzt als Binsenwahrheit erscheint – ist als Tat ersten Ranges hervorzuheben die historische Auffassung der sozialen Bewegung und die Inbeziehungsetzung der »ökonomischen«, »sozialen« und »politischen« Erscheinungen und Vorgänge. M a r x wendet den Entwicklungsgedanken auf die soziale Bewegung an: Hatten auch vor M a r x hervorragende Männer Sozialismus und soziale Bewegung im Fluss historischen Lebens zu erfassen sich bemüht: Keiner hatte annähernd in so klarer, keiner vor allem in so einleuchtender, wirkungsvoller Form diese geschichtlichen Beziehungen aufzudecken gewusst. Dass die politischen Revolutionen und Bestrebungen im Grunde Machtverschiedenheiten sozialer Klassen seien, war auch vor M a r x ausgesprochen, aber wiederum von niemand in so eindringlicher Weise. Von den ökonomischen Umwälzungen nimmt er seinen Ausgangspunkt um die soziale Klassenbildung und den Klassenkampf zu erklären und dass »*il n'y a jamais de mouvement politique qui ne soit social en même temps*« hatte er in der Misère (175) schon vor dem kommunistischen Manifest ausgesprochen. Damit aber wird das P r o l e t a r i a t z u m v o l l e n B e w u s s t s e i n s e i n e r s e l b s t g e b r a c h t , dass es sich in seiner geschichtlichen Bedingtheit erkennen lernt.

Aus dieser historischen Auffassung nun aber ergeben sich für M a r x und für das Proletariat mit Sicherheit die Grundzüge des Programms und der Taktik der sozialen

Bewegung. Sie sind nur »allgemeine Ausdrücke tatsächlicher Verhältnisse eines existierenden Klassenkampfes«, hatte das kommunistische Manifest in etwas lockerer Fassung gesagt. Genauer gesprochen heißt das: M a r x e n s Theorie stellte die Verbindung her zwischen dem, was unbewusst, instinktiv sich als proletarisches Ideal zu bilden begonnen hatte und dem, was in der Wirklichkeit sich als Ergebnis der ökonomischen Entwicklung beobachten ließ. Für die Taktik aber wurde der Gedanke bestimmend, dass Revolutionen nicht gemacht werden können, sondern an bestimmte ökonomische Vorbedingungen geknüpft seien, während der Klassenkampf in seinen beiden Formen, – der politischen, von der hauptsächlich im kommunistischen Manifest die Rede ist, aber auch der ökonomisch-gewerkschaftlichen, für die M a r x schon in der Misère eine Lanze gebrochen hatte – als Werkzeug erkannt wird, dessen sich das Proletariat bedienen müsse, um in dem ökonomischen Umgestaltungsprozesse seine Interessen zu wahren. Er spricht damit aus, was jede proletarische Bewegung, die sich ihrer bewusst wurde, als leitende Grundsätze anerkennen m u s s t e . Sozialismus als Ziel, Klassenkampf als Weg hörten auf, persönliche Meinungen zu sein und wurden in ihrer historischen Notwendigkeit begriffen.

Anerkennen musste? Warum m u s s das Ziel, das in der Form des Ideals erscheint, für jede proletarische Bewegung notwendig der d e m o k r a t i s c h e K o l l e k t i - v i s m u s , d.h. die Vergesellschaftung der Produktivmittel auf demokratischer Grundlage sein? Auf diese Frage geben folgende Erwägungen die Antwort:

Die moderne soziale Bewegung strebt dasjenige an, was man in das Schlagwort die »Emanzipation des Proletariats« zusammenfassen kann. Diese nun hat zwei Seiten, eine ideale und eine materielle Ideal kann sich eine Klasse selbstverständlich nur dann als emanzipiert betrachten, wenn sie als Klasse wirtschaftlich und somit politisch herrschend oder mindestens unabhängig geworden ist, das Proletariat, das in ökonomischer Abhängigkeit vom Kapital sich befindet, also nur, wenn es diese Abhängigkeit vom Kapital aufhebt. Man könnte sich vielleicht denken, dass das Proletariat Unternehmer als Angestellte unterhielte, die die Produktion als Beauftragte leiteten. Dann aber wäre die Leitung ja nicht mehr in den Händen der Unternehmer wie heute, sondern in den Händen des Proletariats, dieses also Herr der Situation. Solange diese Herrschaft in irgendwelcher Form nicht erreicht ist, kann, im Sinne der Klasse gesprochen, von einer Emanzipation nicht die Rede sein. Ebenso kann materiell nicht die Rede davon sein, solange diejenigen Umstände weiter wirken, die heutzutage vom Standpunkte der Klasse aus als die eigentlichen Gründe ihrer sozialen Inferiorität betrachtet und aus dem kapitalistischen Wirtschaftssystem abgeleitet werden. Wenn also das Proletariat sich klar ein Ziel setzt, so kann dieses Ziel nur sein, immer vom Standpunkte der Klasse aus, die Beseitigung dieses kapitalistischen Wirtschaftssystems. Nun ist diese Beseitigung in zwei Formen möglich. Sie kann nämlich entweder erfolgen, indem die großen Wirtschaftsformen, die die früheren kleinen abgelöst haben, zurückgebildet werden zu kleinen Verhältnissen. In diesem Falle bedeutete die Beseitigung des kapitalistischen Wirtschaftssystems eine Rückbildung in kleinbürgerlichem Sinne. Oder aber es kann dieses System überwunden werden in der Weise, dass die bestehenden Formen der Großproduktion erhalten werden. Dann kann die Beseitigung nur in einer Vergesellschaftung der Produktionsmittel und gemeinschaftlicher Organisation bestehen: e i n d r i t t e s g i b t e s n i c h t. Wenn also das Proletariat nicht den Kapitalismus durch Rückbildung in kleinere Formen beseitigen will, so kann es ihn nicht anders beseitigen, als indem es an die Stelle der kapitalistischen die sozialistische Organisation setzt. Und weiter: Das Proletariat als solches kann sich selbstverständlich nur zu dem letzten Sinne entschließen, weil es ja seinem ganzen Wesen nach mit der Großproduktion verknüpft ist; es ist ja nichts anderes als der Schatten dieser Großproduktion; es entsteht nur dort, wo die Großproduktion herrscht. Deshalb also kann man sagen, dass die sozialistische Zielsetzung der sozialen Bewegung in ihren Grundzügen sich mit Notwendigkeit aus der wirtschaftlichen Lage des Proletariats ergeben muss.

Warum aber muss der Weg zur Erreichung dieses Ziels der K l a s s e n k a m p f sein? Hierauf werden wir in Kürze dieses zu antworten haben: Die moderne Gesellschaft stellt sich uns als ein kunstvolles Durcheinander zahlreicher sozialer Klassen dar, d.h. solcher Personengruppen deren Homogenität aus der Interessiertheit an einem und demselben Wirtschaftssystem erwächst. Wir unterscheiden als Vertreter feudaler Landwirtschaft die Junker von den Vertretern des Kapitals, der Bourgeoisie, die Repräsentanten handwerksmäßiger Produktion und Verteilung, das Kleinbürgertum von den modernen Lohnarbeitern, dem Proletariat usf. Jede dieser Gruppen von wirtschaftlichen Interessenten hat ihre besondere Vertreterschaft unter den »ideologischen« Elementen der Gesellschaft, d.h. den dem Wirtschaftsleben fernstehenden Beamten, Gelehrten, Künstlern usw., die sich ihrer Stellung und Herkunft nach der einen oder der anderen sozialen Klasse angliedern.

Die Zugehörigkeit zu einer sozialen Klasse wirkt nun bestimmend in doppelter Richtung: sie erzeugt zunächst die eigenartige Welt- und Lebensauffassung solcher Gruppen von Menschen, deren Denken und Fühlen durch die Übereinstimmung der beeinflussenden äußeren Umstände einen Zug zur Gleichheit empfängt. Gleiche Wertschätzungen, gleiche Ideale bilden sich aus. Sie erzeugt aber ferner auch eine bestimmte Willensrichtung auf Wahrung des von der Klasse vertretenen Standpunktes: ihrer ökonomischen Position nicht minder als ihrer Werte; sie erzeugt das, was wir das Klasseninteresse nennen mögen.

Was also überall sich ungezwungen entwickelt, ist zunächst ein Klassenunterschied, an ihn knüpft sich ein Klasseninteresse an. Die Vertretung dieses Klasseninteresses führt nun überall dort, wo ihm andere Interessen entgegenstehen, zum Klassengegensatz. Nicht immer muss notwendig die Vertretung des eigenen Klassenstandpunktes mit einem anderen Klasseninteresse kollidieren; gewiss kann zeitweise eine Interessensolidarität entstehen, aber niemals wird diese Übereinstimmung sich auf die Dauer erzielen lassen. Das Interesse des Junkers m u s s an einem bestimmten Punkte mit dem des Bourgeois, das des Kapitalisten mit dem des Proletariats, das der Handwerker und Krämer mit dem des Großbürgertums usf. in Widerstreit treten; denn jedes strebt naturgemäß nach Verallgemeinerung und schließt damit andere Interessen aus. Dann gilt das Wort:

> *»Wo eines Platz nimmt, muss das andere rücken;*
> *Wer nicht vertrieben sein will, muss vertreiben ...*
> *Da herrscht der Streit und nur die Stärke siegt.«*

Hier ist es, wo Meinungsverschiedenheiten auftauchen könnten: muss es wirklich zum »Streit«, zum »Kampfe« kommen? Ist nicht zu hoffen, dass – etwa aus Menschenliebe oder Mitleiden, oder Anteilnahme am Gemeinwohl oder aus sonstigen edlen Motiven heraus – soziale Klassen sich freiwillig ihrer Vorrechte, die anderen im Wege sind, entäußern könnten? Natürlich: wissenschaftlich »beweisen« lässt sich die Richtigkeit der einen Auffassung ebenso wenig wie die der anderen, weil die letzten Gründe für den Entscheid des einzelnen in den Tiefen der persönlichen Überzeugung ruhen. Was aber für die Richtigkeit des von Marx vertretenen Standpunktes immerhin einiges Beweismaterial liefert, ist der Umstand, dass die Geschichte uns noch kein Beispiel einer freiwilligen Entäußerung von Klassenvorrechten aufweist, zum mindesten will ich sagen: dass wir für jeden solcher Fälle, die dafür etwa angeführt werden könnten, eine realistische, nüchterne Beweisführung mühelos antreten können. Wir haben andererseits unzählige Beispiele in der Geschichte, wo irgendwelche Reform von wohlwollenden Menschenfreunden, etwa ideologischen Bürokraten, begonnen wurde, um bald nachher an dem *rocher de bronce* des mächtigen Klasseninteresses der bedrohten herrschenden Klasse zu scheitern. So finden wir, als letztes Glied in dieser Gedankenentwicklung, erst Klassenunterschied, dann Klasseninteresse, dann Klassengegensatz, nun endlich den Klassenkampf.

Bringt man sich dies zum Bewusstsein, dass die Kernpunkte der M a r x 'schen Lehre wirklich nur das aussprechen, was ist, dass sie sagten, was nicht anders sein konnte, dass sie gleichsam das Selbstverständliche, das Nächstliegende, nur entdeckten und offenbarten, so wird man es begreiflich finden, dass sie der Fels wurden, auf dem die Kirche der sozialen Bewegung errichtet werden konnte. Zumal wenn man sich ferner klar macht, dass die M a r x ' - s c h e   T h e o r i e   s o   w e i t   g e f a s s t   i s t, dass sie die verschiedensten Strömungen in sich aufzunehmen vermochte. Weil Marx gar kein bestimmtes Programm ausstellte, gar kein deutliches Bild von der erstrebten Zukunft zeichnete, auch die Ausführung des Klassenkampfes im Einzelnen dem Belieben überließ, wurde er befähigt, der Theoretiker der sozialen Bewegung schlechthin zu werden, allem Proletariat zwar nur etwas, aber das Wichtigste zu geben: das Bewusstsein seiner selbst und das Vertrauen auf seine Kraft, den Glauben an sich und seine Zukunft. Daher er denn auch alle Ideale in das rein formale Ideal der Klassenzugehörigkeit verflüchtigt: »die Proletarier haben nichts – zu verlieren als ihre Ketten. Sie haben eine Welt zu gewinnen. Proletarier aller Länder vereinigt Euch!« Aber: auch n u r die Proletarier. Damit wurde die soziale Bewegung abermals gefestigt und in ihren Zielen geklärt. Die deutliche Ausrichtung des Sozialismus auf die soziale Klasse des Proletariats, wie sie Marx vornahm, ist nicht der letzte Grund, weshalb die marxistischen Lehren allen anderen gegenüber so siegreich bleiben. Denn damit schwand die Verschwommenheit, die für die meisten sozialistischen Systeme charakteristisch gewesen war: weil nun nicht mehr der »*Peuple*«, das »Volk«, die »armen Leute« schlechthin oder sonst ein Unbestimmter als Träger der sozialen Bewegung angenommen wurde, sondern eine scharf umrissene, gleich interessierte Gesellschaftsgruppe, eben das Proletariat im Sinne einer bestimmten sozialen Klasse.

Kurz zusammengefasst, was die historische Bedeutung der marxistischen Lehren für die soziale Bewegung ausmacht: Indem M a r x als deren Ziel die Vergesellschaftung der Produktionsmittel, als Weg den Klassenkampf bezeichnete, richtete er die beiden Grundpfeiler auf, auf denen sich die Bewegung aufbauen musste. Es war genug, um sie zu einheitlichem Bewusstsein zu bringen, es war nicht zu viel, um die Entfaltung der nationalen und sonstigen Eigenarten zu hemmen. Indem er die soziale Bewegung in den Fluss der historischen Entwicklung stellte, brachte er sie theoretisch in Einklang mit den bestimmenden Faktoren der Geschichte, begründete er sie auf die realen Bedingungen der Wirtschaft und der Charakterveranlagung der Menschen, wies er ihre ökonomische und psychologische

Bestimmtheit nach, wurde er der Begründer des historischen (im Gegensatz zum rationalen) oder realistischen (im Gegensatz zum utopistischen) Sozialismus.

Entscheidend wurde dieses; sobald einmal die Zielpunkte der proletarischen Bewegung schlechthin festgelegt waren, konnten sich darauf »die Proletarier aller Länder« vereinigen. Dem praktischen Bedürfnis nach Internationalität der Bewegung tat dieses Minimumprogramm auf das glücklichste Genüge. Auf dieser programmatischen Grundlage konnte man nun die Kräfte entfesseln, die in der I d e e   d e r   I n t e r n a t i o n a l i t ä t noch gebunden waren. Und somit wurde die M a r x 'sche Lehre (aus Umwegen) doch die Erzeugerin einer neuen oder richtiger die Wiederbeleberin einer alten durchschlagskräftigen Idee: die der allgemeinen Menschenverbrüderung, der allgemeinen Menschheitsgesellschaft.

Aber so hoch man nun auch diese realen Werte in der Marxschen Lehre als Erklärung für deren Sieghaftigkeit veranschlagen möge: darüber kann kein Zweifel bestehen, dass sie allein niemals genügt haben würden, um Marx für ein Menschenalter zum Diktator der Massen zu machen. Dazu mussten die Eigenarten seiner Doktrin mitwirken, die sich bei genauem Hinsehen als f i k t i v e Werte darstellen, weil sie entweder in nichts anderem als einem glücklichen Missverständnisse des Gläubigen beruhen oder aber Irrtümer sind, die schließlich zwar als solche erkannt wurden, die doch aber Jahrzehnte hindurch ihre faszinierende Wirkung auf die Massen der Sozialisten ausgeübt hatten. Ich erkläre, was ich meine:

Da ist zum Beispiel seine berühmte und berüchtigte Wertlehre, die früher (wie wir schon sahen) häufig als die M a r x 'sche Theorie oder wenigstens als ihr wesentlicher Bestandteil angesehen wurde. Ihr Inhalt ist bekanntlich dieser: dass infolge der eigentümlichen Gestaltung der

Marktverhältnisse in der kapitalistischen Epoche der Lohnarbeiter nur einen Teil seiner Arbeit im Arbeitslohne vergütet erhält, während ein anderer, immer mehr anwachsender Teil unbezahlt bleibt, dessen Ertrag der Unternehmer ohne Entgelt in der Gestalt des Mehrwerts sich aneignet. Jeder, der auch nur etwas in den Geist des M a r x 'schen Systems eingedrungen ist, weiß nun, dass dieser Feststellung keinerlei ethische Färbung anhaftet, dass M a r x sein Wertgesetz ganz und gar nicht etwa entwickelt habe, um den Nachweis zu führen, dass dem Arbeiter ein Teil seines Arbeitsertrages »unrechtmäßigerweise« vorenthalten, dass er vom Unternehmer »in schamloser Weise« ausgebeutet werde (um daran etwa die sittliche Forderung auf den »vollen Arbeitsertrag« zu knüpfen). Weiß, dass in dem ganzen M a r x 'schen System (als solchem) »kein Gran Ethik« steckt; dass auch das Wertgesetz keine andere Bedeutung hat als die übrigen Lehren, nämlich die: den Beweis für die Behauptung zu führen, dass unsere Wirtschaft sich mit Naturnotwendigkeit in einer bestimmten Richtung entwickle, die unausweichlich zum Sozialismus führen m ü s s e . Weiß, dass gerade in der Ablehnung aller ethischen Raisonnements die spezifische Eigenart des M a r x 'schen Denkens liegt, dass M a r x besonders stolz darauf war, den Sozialismus nicht mit einem Appell an die »ewige Gerechtigkeit« (wie E n g e l s spottet), sondern mit dem Nachweis eines natürlichen Verlaufs der Ereignisse begründet zu haben, nicht als ein Soll, sondern als ein Muss; dass also in diesem Denkzusammenhange eine ethisch orientierte Wertlehre platter Unsinn sein würde. Tut alles nichts. Für sicher einen sehr großen Teil der Marxgläubigen hat der Meister den Nachweis erbracht: dass die Arbeiter einen Teil ihrer Arbeit dem Unternehmer unbezahlt zur Verfügung stellen müssen, dass das »Ausbeutung«, niederträchtige gemeine Ausbeutung ist, und dass man die Hunde totschlagen müsse. »Von Rechts wegen«. Man lese noch heute die sozialdemokratische Presse, die sich streng zum marxistischen Dogma bekennt, man höre die Reden der Agitatoren zweiten und dritten Ranges, die sich in die Brust werfen und dem profanen *vulgus* zu ihren Füßen stolz erhobenen Hauptes erklären: »Ich kenn meinen M a r x « –:ob man nicht täglich solcherart ethischen Raisonnements in ihren Schriften und Reden begegnet, die dem Marxismus so innerlich fremd sind wie Nietzsche dem Christentum. Aber da diese schönen und dem Herzen wohltuenden Lehren den Massen als marxische erscheinen, so ist das abermals ein Grund, dem Verkünder dieser Lehren zuzujubeln. Und da erweist sich nun ein anderer Umstand als ganz besonders geeignet, die Marxverehrung ins Unermessliche zu steigern: das ist diesmal der wirkliche Geist seiner Lehren, der als ein streng wissenschaftlicher, das heißt auf die Erforschung der Wahrheit gerichteter sich darstellt. Das weiß man allerwärts, wo M a r x verkündet wird: M a r x hat ein großes System der Nationalökonomie verfasst. Dieses System ist der Gipfel der Gelehrsamkeit, ist eine Fundgrube des Wissens, ein Arsenal des Geistes. Was in diesem System niedergelegt ist, ist das Ergebnis rein wissenschaftlicher Forschung: e s   i s t   d i e   W a h r h e i t . Wenn nun in diesem wissenschaftlichen Buche der Nachweis geführt war, dass die Arbeiter in der kapitalistischen Gesellschaft »ausgebeutet« werden: je nun – was konnte noch mehr im Interesse des Sozialismus geleistet werden, als das instinktive Empfinden des einzelnen aus der Masse mit dem Glorienschein objektiver Wahrheit zu umkleiden. Dass sich in dieser eigenartigen Weise Wissenschaft und Ethik in der Vorstellungswelt des gemeinen Mannes verquicken konnten: darin liegt sicherlich eines der wesentlichen Geheimnisse verborgen, deren Enthüllung uns die Sieghaftigkeit des Marxismus verstehen hilft.

Aber diese Eigenart der M a r x 'schen Lehren: den Sozialismus nicht als sittliche Forderung, sondern als notwendiges Entwicklungsprodukt anzusehen, hat noch aus anderen Gründen dazu beigetragen, gerade diese Lehren so allgemein beliebt zu machen. Nicht nur, dass man das sittliche Bewusstsein stärkte mit dem Hinweis auf die wissenschaftliche »Richtigkeit« seiner Forderungen: man konnte auch weiterleben, weiteragitieren, ohne sich immer in einen Zustand sittlicher Entrüstung versetzen zu müssen. Man war ja seiner Sache so sicher! Der Sozialismus musste kommen: wie ein Naturereignis. Wozu sich also in Unkosten stürzen und etwa nach ethischer Begründung Ausschau halten. Der gläubige Marxist wandelte seelenvergnügt umher wie der gläubige Christ: er wusste, dass der Glaube selig macht; er wusste, dass das Jenseits ihm (oder doch wenigstens seinen Kindern) sicher sei: kraft der Verheißung durch M a r x . Und er konnte nun auch – der gläubige Marxist – allen unbequemen Fragern: wie denn der Zukunftsstaat »möglich« sei, mit einem mitleidigen Lächeln begegnen, wiederum wie der Christ, den man nach der Einrichtung des Himmels fragt. Das wisse er nicht, konnte er antworten, wolle er auch nicht wissen, brauche er auch nicht zu wissen: alles Fragen beweise nur das Unverständnis des Fragenden. Da der Himmel den Gläubigen versprochen sei, so werde er auch wohl »möglich« sein müssen. Heute freilich ist der übernatürliche Nimbus, der sich um die Lehren M a r x e n s verbreitet hatte, schon wesentlich verringert. Man findet in meinem »Sozialismus« den Nachweis, dass kaum ein Bestandteil der M a r x 'schen Entwicklungslehre (mit der der »naturnotwendige« Übergang des Kapitalismus in den Sozialismus »bewiesen« werden sollte) einer kritischen Prüfung standhält. Mit dem Nachweis aber, dass nur eine Lehre M a r x e n s falsch sei, war für die Geltung seines Systems mehr verloren als diese eine Wahrheit: es war der Glaube in seine Allgemeingültigkeit, ich möchte sagen: in seinen Offenbarungscharakter zerstört. Es ist dem M a r x 'schen System wie der Bibel ergangen: war erst einmal erwiesen, dass ein einziger Satz mit den Ergebnissen wissenschaftlicher Forschung nicht in Einklang stehe, also nicht »wahr« sei, so verlor damit das ganze Buch seine besondere Beweiskraft. Es war jetzt nicht mehr »die Wahrheit« schlechthin, sondern nur eine Darstellung der Dinge neben anderem. Mit dem Nachweis, dass M a r x geirrt hatte, war das, was man stolz »wissenschaftlichen Sozialismus« genannt hatte, überhaupt zerstört. Den Sozialismus konnte man nur retten, indem man ihn anders als »wissenschaftlich« begründete. Für diese andere Begründung aber bietet gerade das M a r x 'sche System besonders wenig Anhaltspunkte. Sodass man glauben sollte: in dem Maße, wie das Prestige des »wissenschaftlichen Sozialismus« bei den Massen sich verringerte, würde auch der Marxismus seine Geltung als die Gemeinlehre des Proletariats einbüßen. Weit gefehlt! Gerade in den letzten Jahren, die den Zusammenbruch des M a r x 'schen Lehrgebäudes gesehen haben, ist der Marxismus mit großer Wärme wenigstens von einem Teile der Sozialisten als einzig wahre Heilslehre verkündet worden: wiederum aber in einem neuen Sinne: als Theorie der sozialen Revolution schlechthin.

Es ist in der Tat nicht schwer, aus den Schriften namentlich des jungen Marx genügend viel Material zu entnehmen, das vortrefflich als Brandstoß dienen kann, um das Feuer einer revolutionären Begeisterung zu schüren.

Vor allem das kommunistische Manifest ist durchglüht von einem echt revolutionären Feuer; es klingt wie ein hohes Lied der Revolution.

»Auf Deutschland richten die Kommunisten, so schließt es, ihre Hauptaufmerksamkeit, weil Deutschland am Vorabend einer bürgerlichen Revolution steht und weil es diese Umwälzung unter fortgeschritteneren Bedingungen der europäischen Zivilisation überhaupt und mit einem viel weiter entwickelten Proletariat vollbringt als England im 17. und Frankreich im 18. Jahrhundert, die deutsche bürgerliche Revolution also nur das unmittelbare Vorspiel einer proletarischen Revolution sein kann. (!)

Mit einem Wort, die Kommunisten unterstützen überall jede revolutionäre Bewegung gegen die bestehenden gesellschaftlichen und politischen Zustände.

***

Die Kommunisten verschmähen es, ihre Ansichten und Absichten zu verheimlichen. Sie erklären es offen, dass ihre Zwecke nur erreicht werden können durch den gewaltsamen Umsturz aller bisherigen Gesellschaftsordnung. Mögen die herrschenden Klassen vor einer kommunistischen Revolution zittern. Die Proletarier haben nichts in ihr zu verlieren als ihre Ketten. Sie haben eine Welt zu gewinnen!«

Das ist ein herrliches Bum! Bum! und Tschingdara! wie es sich der blutrünstige revolutionäre Jüngling und die hysterische revolutionäre Jungfrau nicht schöner wünschen können. Und die französischen und italienischen Neu-Blanquisten haben sich wahrhaftig keine große Mühe zu geben brauchen, um ihre revolutionären Tiraden aus M a r x ischen Worten zusammenzustellen.

Aber derselbe M a r x ist es auch gewesen, der in überzeugender Weise die Notwendigkeit einer organischen Umbildung des Gesellschaftszustandes und die Sinnlosigkeit jeder gewaltsamen Revolution dargetan hat, aus dessen Theorien sich ein ökonomisch-sozialer Evolutionismus ohne alle Schwierigkeit ableiten lässt.

Damit aber habe ich einen letzten wichtigen Punkt berührt, der uns die große Durchschlagskraft der M a r x ischen Lehren verständlich macht: ich meine ihre außer-

ordentlich große Vielseitigkeit und Vieldeutigkeit. Darin
sind seine Werke nur der Bibel vergleichbar, dass in ihnen
der geistig verfeinerte Denker ebenso findet, was ihn reizt
und erfreut, wie der grobe Destillenbudiker darin auf Sätze
stößt, die seinem intellektuellen Niveau entsprechen. Für
alle Höhenlagen der geistigen Veranlagung hat M a r x
irgendetwas geschrieben. Und ebenso wie seine Werke
oder Stücke daraus von Reichen wie Armen im Geiste
gelesen werden können, so bieten sie auch für Menschen
der verschiedensten Lebensauffassung Anregung und
Beweisstoff. Der Revolutionär nimmt aus ihnen ebenso
gut seine Waffen, wie der überzeugte Evolutionist; der
naturwissenschaftlich verbildete Entwicklungstheoretiker
ebenso wie der Ethiker; der fette Grieche ebenso wie der
magere Nazarener.

Sodass wir schließlich es gar nicht so wunderbar finden,
wenn wir eben diese Eigenarten der M a r x 'schen Lehre
zusammenhalten, dass sie freilich eine Welt zu erobern die
Kraft in sich trugen. Dass sie heute anfangen, an Sieghaftigkeit einzubüßen, habe ich schon angedeutet. Ich habe auch
in meinem »Sozialismus« ausführlich dargetan, an wel-
chen Stellen das Gebäude des Marxismus brüchig geworden ist, wo es sich als besonders unzulänglich erwiesen hat.
Hier brauche ich auf diese Seite des Problems nicht näher
einzugehen, wo ich nur zusammenfassend sagen wollte,
worin die überragende Bedeutung bestehe, die K a r l
M a r x für die soziale Bewegung unserer Tage gehabt hat
und wie sie zu erklären sei.

Damit ist aber das Lebenswerk M a r x e n s erst nach
seiner einen Seite hin – der praktischen – gewürdigt. Wir
wissen, dass Marx ein Doppelwesen war: neben dem Sozialisten lebte in ihm ein sozialer Denker und wenn wir seinen Gesamtleistungen gerecht werden wollen, müssen wir
ebenso sehr fragen, was dieser für die Erkenntnis der Welt

getan hat, worin die Bedeutung M a r x e n s für die Wissenschaft zu suchen sei. Diese Frage versucht der letzte Teil dieser Schrift zu beantworten, den ich in ähnlicher Fassung schon an anderer Stelle – im Archiv für Sozialwissenschaft und Sozialpolitik, Band 27 – veröffentlicht habe. Nur, dass ich einige Punkte anders gefasst und eine Reihe von Ergänzungen hinzugefügt habe.

III.

Was Karl Marx für die soziale Wissenschaft leistete

I.

Fünfundzwanzig Jahre sind nun seit dem T o d e M a r -
x e n s verflossen und noch immer erscheint die Aufgabe
reizvoll: M a r x e n s Bedeutung für die soziale Wissenschaft in Worten zum Ausdruck zu bringen. Denn so oft
der Versuch unternommen worden ist: eine befriedigende
Lösung hat die Aufgabe ganz gewiss noch nicht gefunden.

Dass M a r x eine irgendwelche und wohl auch überragend große Bedeutung für unsere Wissenschaft habe,
gilt heute, denke ich, als eine allgemein anerkannte Wahrheit. Die Sonderlinge und Neidlinge, die ihm jede wissenschaftliche Bedeutung abstreiten (weil sie immer noch
zu faul gewesen sind, ihn zu lesen), sterben langsam aus.
Aber wenn man sich auch allmählich darüber einigt: Marx
sei einer der ganz großen Denker gewesen, so gehen die
Meinungen doch noch recht weit auseinander, wo es sich
um eine Begründung dieses Urteils handelt. Noch immer
begegnet man gelegentlich der seltsamen Auffassung, die
uns unsere Lehrer einst beibrachten: M a r x e n s Größe
läge in der »Kritik«, die er geübt habe (im Gegensatz zu
der historischen Schule oder ähnlichen Dingen, denen wir
die »positive Weiterbildung« der Sozialwissenschaften
danken sollten). Eine Auffassung, die offenbar aus einer
Verwechslung der Politik mit der Wissenschaft entstan-

den war. Denn dass in der Wissenschaft Marx irgendwelche größere kritische Arbeit geleistet hätte, ist mir nicht bekannt (während alles etwa vorhandene Verdienst der »historischen Schule« in der »Kritik« der »klassischen« Nationalökonomie allein gefunden werden könnte).

Aber auch dort, wo M a r x e n s wissenschaftliche Leistungen stets außer allem Zweifel standen, wo man ihn für den Newton oder sonst etwas Ähnliches der Nationalökonomie erklärte: in den Kreisen seiner politischen Anhänger scheint mir das Urteil über *Marxens Oeuvre* nicht glücklicher zu sein. Insbesondere das, was F r i e d r i c h E n g e l s zu sagen wusste, um seinen Freund zu würdigen, und was dann immer wieder nachgesprochen und nachgeschrieben ist, lässt ganz und gar unbefriedigt. Nicht nur, dass es den Leistungen Marxens nicht gerecht wird: es sucht sie in einer Richtung, in der sie gewiss nicht liegen.

E n g e l s hat öfters versucht, Marx die richtige Stellung in der Geschichte unserer Wissenschaft anzuweisen. Am ausführlichsten wohl dort, wo er Marx gegenüber R o d - b e r t u s zu rechtfertigen unternimmt: in dem Vorwort zum zweiten Bande des »Kapitals«. Die bekannten Worte lauten wie folgt im Auszuge:

»Was hat dann aber M. über den Mehrwert Neues gesagt? Wie kommt es, dass M a r x Mehrwerttheorie wie ein Blitz aus heiterem Himmel eingeschlagen hat, und das in allen zivilisierten Ländern, während die Theorien aller seiner sozialistischen Vorgänger, R o d b e r t u s eingeschlossen, wirkungslos verpufften?

Die Geschichte der Chemie kann uns das an einem Beispiel zeigen.

Noch gegen das Ende des vorigen Jahrhunderts herrschte bekanntlich die phlogistische Theorie (usw.) ... Diese Theorie reichte hin; die meisten damals bekannten chemischen Erscheinungen zu erklären ... Nun stellte

1774 P r i e s t l e y eine Luftart dar, die er so rein oder so frei von Phlogiston fand, dass gewöhnliche Luft im Vergleich damit schon verdorben schien. Er nannte sie: dephlogistisierte Luft. Kurz nachher stellte S c h e e l e in Schweden dieselbe Luftart dar und wies deren Vorhandensein in der Atmosphäre nach ...

P r i e s t l e y wie S c h e e l e hatten den Sauerstoff dargestellt, wussten aber nicht, was sie unter der Hand hatten ... L a v o i s i e r untersuchte nun, an der Hand dieser neuen Tatsache, die ganze phlogistische Chemie, entdeckte erst, dass die neue Luftart ein neues chemisches Element war, dass in der Verbrennung nicht das geheimnisvolle Phlogiston aus dem verbrennenden Körper weggeht, sondern dies neue Element sich mit dem Körper verbindet und stellte so die ganze Chemie, die in ihrer phlogistischen Form auf dem Kopfe gestanden, erst auf die Füße.

Wie L a v o i s i e r zu P r i e s t l e y und S c h e e l e, so verhält sich M a r x zu seinen Vorgängern in der Mehrwerttheorie. Die Existenz des Produktenwertteils den wir jetzt Mehrwert nennen, war festgestellt lange vor Marx; ebenso war mit größerer oder geringerer Klarheit ausgesprochen, woraus er besteht, nämlich aus dem Produkt der Arbeit, für welche der Aneigner kein Äquivalent gezahlt hat. Weiter aber kam man nicht ...

Da trat M a r x auf. Und zwar in direktem Gegensatz zu allen seinen Vorgängern. Wo diese eine Lösung gesehen hatten, sah er nur ein Problem. Er sah, dass hier weder dephlogistisierte Luft vorlag noch Feuerluft, sondern Sauerstoff – dass es sich hier nicht handelte, sei es um die bloße Konstatierung einer ökonomischen Tatsache, sei es um den Konflikt dieser Tatsache mit der ewigen Gerechtigkeit und der wahren Moral, sondern um eine Tatsache, die berufen war, die ganze Ökonomie umzuwälzen und die für das Verständnis der gesamten kapitalistischen Produktion den Schlüssel bot – für den der ihn zu gebrauchen wusste. An der Hand dieser Tatsache untersuchte er die sämtlichen vorgefundenen Kategorien, wie L a v o i s i e r an der Hand des Sauerstoffs die vorgefundenen Kategorien der phlogistischen Chemie untersucht hatte. Um zu wissen, was der Mehrwert war, musste er wissen, was der Wert war« usw.

Wollte man nun wirklich unter diesen Gesichtspunkten M a r x e n s Größe abschätzen und ihm so viel Bedeutung für die soziale Wissenschaft zuerkennen, als er ihr dauernd gültige »Gesetze« formuliert hat, so müsste man freilich zu einem ganz anderen Schlusse kommen als E n g e l s , nämlich dem: dass er recht wenig geleistet habe. Denn welches von Marx geprägte »Gesetz« ließe sich anführen, das wir heute noch in seiner Richtigkeit anerkennen, wie etwa das Verbrennungsgesetz?!

Etwa das »Wertgesetz«, dem Engels so große Bedeutung beimaß? Doch gewiss nicht. Wir wissen heute sehr genau, dass hiervon einem »Gesetz« in annähernd dem gleichen Sinne wie dem Fallgesetz oder dem Verbrennungsgesetz ganz und gar keine Rede ist. Am letzten Ende hat Marx selber den Nachweis erbracht, dass das »Wertgesetz« niemals in der Welt der Erscheinungen Gültigkeit haben kann (da ja die Preise nach dem Kapitalaufwande und nicht nachdem Arbeitsaufwande sich bestimmen). Wir wissen, dass wir die M a r x 'sche Formulierung bestenfalls als heuristisches Prinzip für die Klarlegung bestimmter ökonomischer Zusammenhänge verwerten können, dass sie aber ganz und gar nicht der theoretische Ausdruck für empirisches Geschehen ist. Und wenn wir gar sehen, wie noch E n g e l s versucht, aus dem Wertgesetz den Mehrwert abzuleiten, so können wir ein Lächeln nicht unterdrücken angesichts dieser geheimnisvollen Wichtigtuerei. Für uns ist die Mehrwertbildung kein Prozess, der einer so komplizierten Erklärung und einer fast mystischen Ableitung aus reinen Gedankengebilden (wie dem sog. »Wertgesetz«) bedarf, sondern der uns ohne weiteres als ein psychologisch und sozial begründeter Vorgang des täglichen Lebens verständlich erscheint.

Oder ist etwa die »materialistische Geschichtsauffassung«, als deren Begründer man Marx ansprechen mag, das »Gesetz«, dessen Formulierung wir ihm verdanken? Auch das lässt sich nicht sagen. Wäre es ein »Gesetz« wie das Fallgesetz, so wäre Marx ganz gewiss nicht sein »Entdecker«: denn als solchen betrachten wir den, der die letzte einwandfreie Formulierung gegeben hat. Und gerade diese lässt bei Marx am meisten zu wünschen übrig. Aber es handelt sich wiederum gar nicht um irgendein Gesetz, sondern abermals um ein glückliches heuristisches Prinzip, das sich mit Nutzen bei der Anordnung historischen Tatsachenmaterials verwenden lässt.

Oder soll man an die sog. »Entwicklungsgesetze« denken, die Marx für den Ablauf der kapitalistischen Wirtschaft aufgestellt hat? Mit diesen hat es auch seine eigene Bewandtnis.

Zum ersten sind es wiederum ganz und gar keine »Gesetze« nach Art des Verbrennungsgesetzes, d.h. allgemein gültige Formulierung für immer gleiches Geschehen, sondern dieses Mal nur Aussagen über den wahrscheinlichen Verlauf eines singulären geschichtlichen Ablaufs: der modernen kapitalistischen Wirtschaftsepoche.

Zum anderen sind sie großen Teils heute als falsch erkannt. Von den einzelnen Theorien bleibt nur wenig übrig, wenn wir ihnen mit der Sonde der wissenschaftlichen Kritik zu Leibe rücken. Ich habe in meiner oben genannten Schrift »Sozialismus und soziale Bewegung« den Nachweis zu führen versucht, dass die Akkumulationstheorie, die Verelendungstheorie falsch, die Zusammenbruchstheorie unbegründet, die Konzentrationstheorie und die Sozialisierungstheorie einseitig und unvollständig sind. Dass somit auch die Gesamttheorie der kapitalistischen Evolution haltlos geworden ist, die ja von jenen Einzeltheorien getragen wurde.

Also auch hier ist M a r x nicht der L a v o i s i e r der sozialen Wissenschaft. Und wollte man nach ähnlichen Leistungen bei M a r x suchen, wie sie L a v o i s i e r vollbracht hat, so würde das Bild von M a r x e n s wissenschaftlicher Bedeutung sich uns recht kümmerlich darstellen. Wir müssen, scheint mir, die Sache von einer ganz anderen Seite anfassen.

Gegen den Vergleich zwischen L a v o i s i e r und M a r x habe ich nicht sowohl einzuwenden, dass er inhaltlich falsch ist, als vielmehr: dass er grundsätzlich verfehlt ist. Und zwar deshalb, weil es überhaupt nicht angängig ist, dass wissenschaftliche *Oeuvre* eines Sozialforschers in irgendeinen Vergleich zu stellen mit den Leistungen eines Naturforschers. Was hier E n g e l s tat, tun andere in weniger klaren Worten immer und immer wieder. Und doch scheint mir der erste Schritt zu einer Einsicht in das Wesen und die Bedeutung denkerischer Leistungen der zu sein: dass man sich erst einmal völlig klar wird über die ganz und gar verschiedenen Leistungen und somit auch Verdienste derer, die zum Gegenstand ihrer Betrachtung die Natur haben und derer (das ist der Gegensatz, wie noch zu zeigen sein wird), die den Menschen als beseeltes Wesen erforschen wollen. Naturforscher nennen wir jene, Menschenforscher können wir diese nennen.

II.

Die beiden großen Gebiete, in die die Wissenschaft zerfällt, sind die Naturforschung und die Menschenforschung, oder wie man auch unterscheiden könnte: die Körper-

und die Seelenforschung, denn natürlich handelt es sich bei der Menschenforschung um jene Wissenschaften, die die menschliche Seele zum Objekte haben (während der menschliche Körper ja Gegenstand der Naturforschung ist). Diese Unterscheidung (die sich im Wesentlichen wohl mit der althergebrachten in Natur- und Geisteswissenschaften deckt) scheint mir deshalb die richtige Einteilung zu geben, weil sie die wesentlichen Verschiedenheiten des menschlichen Denkens zu klarer Gegenüberstellung bringt.

Dass diese Wesensverschiedenheit nicht in der Verschiedenheit des Erkenntniszweckes oder des Artcharakters der Erkenntnisse begründet liegt, wissen wir. Sorgfältige Untersuchungen haben uns in letzter Zeit wieder einmal darüber belehrt, dass wir grundsätzlich zwei verschiedene Ziele unserem Erkennen stecken: die Erkenntnis einer Einzigheit und die Erkenntnis einer Allgemeinheit und der ihr unterworfenen Einzelfälle. Ob man jene Erkenntnis als historische, diese als naturwissenschaftliche bezeichnen will, ist eine untergeordnete Frage rein terminologischen Inhalts. Die Hauptsache ist, zu wissen: dass beide Arten wissenschaftlicher Erkenntnis auf jedem Gebiete menschlichen Denkens erstrebt und geschätzt werden. Auch die Naturwissenschaft sucht nach »historischer« Erkenntnis (Geschichte der Erde, der Tierwelt auf ihr usw., was natürlich ebenso einzige Prozesse sind, wie die Geschichte der Menschheit) und auch die Menschenwissenschaft wertet das »naturwissenschaftliche« Erkennen (Lehre vom Markte, vom Gelde usw.).

Wesensunterschiede der beiden Gebiete des menschlichen Denkens ergeben sich aber aus der Verschiedenheit des Stoffes. Sei es deshalb, weil wir diesen nach verschiedenen Gesichtspunkten auswählen (an welches Moment ich aber nicht ein so entscheidendes Gewicht legen möchte, wie es von anderer Seite jetzt geschieht), sei es, weil er seiner Natur nach uns eine verschiedene Betrachtungsweise aufnötigt. Wir können (oder wollen) die »Natur« nur als die ewig gleiche betrachten. In der von Anbeginn bis zu ihrem Untergang dieselben Kräfte wirken, die sich »nach ewigen ehernen Gesetzen« entfalten, so mannigfaltig auch die Gestalt sein mag, in der sich uns das Naturgeschehen darstellt. Gewiss ist der »Regen« nichts Ewiges. Er ist genauso ein historisches Phänomen wie die Preisbildung. Aber wir betrachten ihn in seiner (wenn ich so sagen darf) Ewigkeitsgestalt: als Ausdruck der immer gleichbleibenden Kräfte, als eine bestimmte Äußerung eines und desselben chemisch-physikalischen Prozesses, der die Welt erfüllt.

Dass nun diesen selben Prozessen auch das Menschendasein, auch des Menschen Seele unterworfen ist, wollen wir nicht bezweifeln (da mir persönlich jede antimonistische »Tendenz« ferne liegt). Aber wir können (oder wollen) Menschentun nicht betrachten als Ausfluss jener Naturkräfte, weil wir aus diesen die eigentlich wirksame Kraft in allem Menschentun nicht zu erklären, nicht auszubauen vermögen: die menschliche Persönlichkeit, die menschliche Seele. Sobald wir aber diese nicht aus- oder richtiger einschalten können in den Kausalnexus menschlicher Geschichte, so erscheint uns diese als das Werk des lebendigen Menschen und somit als das notwendig in seiner Gestalt wechselnde Werk, weil von den ewig neu- und andersgestalteten menschlichen Persönlichkeiten beeinflusst. Der Ausbruch des Vesuvs im Jahre 79 ist ebenso ein einziges historisches Phänomen wie die Zerstörung des Tempels im Jahre 70. Jenen aber betrachten wir als das Werk ewig gleich wirkender Naturkräfte, diese als das Werk einer sonderbar gestimmten, nie wiederkehrenden Betätigung menschlicher Charaktere. Die Gestalt ist in beiden Fällen einzig (»historisch«): aber »Stoffe« und »Kräfte« setzen wir im einen Falle als ewig gleiche, im anderen Falle ebenfalls als historisch, das heißt in dieser Zusammensetzung einzig gegebene. Man vergleiche zur Übung: Preisbildung und Verbrennung! Schwerkraft und Gewinnstreben! Diese Unterschiedlichkeit des Objektes bedingt nun aber unmittelbar, den wie mir scheint, bei weitem wichtigsten Unterschied zwischen Naturwissenschaft und Menschenwissenschaft: die grundverschiedene Art dessen, was wir »erkennen« nennen.

Die Natur erkennen heißt sie beschreiben, heißt die beobachteten Vorgänge auf eine Formel bringen, heißt Ursachen hypostasieren, von deren Wesenheit wir nichts wissen. Den Menschen und sein Handeln erkennen, heißt: erklären, heißt deuten aus eigenem Erlebnis, heißt Gründe nachweisen, von denen wir aus uns selbst heraus Kunde haben, die wir somit kennen.

Anders ausgedrückt: wirkliche Erkenntnis gibt es nur im Gebiete der Geisteswissenschaft; während das, was wir Naturerkennen heißen, nichts anderes als eine Umschreibung von Vorgängen bedeutet, von deren innerem Zusammenhange wir nichts wissen.

Ich kenne die letzte Ursache nicht, die den Stein zum Fallen bringt; denn wenn ich sie »Schwerkraft« nenne, so sehe ich ein Wort ein, ohne darum tiefer in die Sache einzudringen. Wenn aber jemand dem anderen den Schädel mit einem Stocke einschlägt, so vermag ich hierfür Gründe anzugeben, weil ich die Handlung, die zum Schädeleinschlagen geführt hat, aus meiner Seele zu erklären vermag. Wer möchte sagen, warum die Erde um die Sonne kreist. Aber warum Romeo um Julia, Napoleon um England, der Jobber um die Börse kreisen: das weiß ich, denn wiederum habe ichs erlebt.

Seltsame Kurzsichtigkeit mancher Menschen, die sichere Erkenntnis aus dem Erlebnis durch die naturwissenschaftliche Beschreibung ersetzen zu wollen, das heißt bei der Deutung menschlicher Handlungen die psychologische Motivierung umgehen, die Persönlichkeit ausschalten zu wollen und alles menschliche Handeln in den unverstandenen und unverständlichen Naturprozess einordnen zu wollen; das heißt: das einzig sichere Wissen, das wir von der Welt haben, um einer Mode willen preiszugeben.

Im großen Ganzen, wird man sagen dürfen, haben gerade im letzten Jahrhundert die beiden Wissenschaften von der Natur und vom Menschen immer deutlicher die ihnen spezifische Art zu erkennen ausgebildet und sind sich dadurch immer ferner gerückt.

Was die moderne Naturwissenschaft anstrebt, ist ja doch eben die lückenlose Ersetzung der Qualität durch die Quantität, die in einer mathematischen Formel ihren letzten und vollkommensten Ausdruck findet. Worauf alles ausgeht, ist, wie man sagen kann, die Entseelung der Natur. Wo ehedem lebendige Wesen, lebendiges Wirken angenommen wurden, da soll jetzt ein Wechselspiel toter Körper herrschen. Aufgabe der fortschreitenden Naturerkenntnis ist es recht eigentlich, die lebendige Seele aus den Dingen wegzuargumentieren: der *horror vacui* wird durch die Erfindung des Barometers, das Phlogiston, eine Art Feuerseelchen, wird durch die Entdeckung des Sauerstoffs, die Theorie von der *vis vivendi* wird durch die Synthese organischer Körper aus der Welt geschafft usw.

Genau umgekehrt ist die Entwicklung der »Geistes«wissenschaften verlaufen: in ihnen ist immer mehr die »psychologische« Methode zur Geltung gelangt: das heißt: ist das Bestreben immer deutlicher hervorgetreten, alle Vorgänge im Bereich der Menschengeschichte seelisch zu motivieren. Beherrscht die Naturwissenschaften die Tendenz zur Entseelung und Quantifizierung, so die Menschheitswissenschaften die Tendenz zur Beseelung und Qualifizierung.

III.

Nun möchte ich aber noch ausdrücklich betonen, dass die eben geschilderten Eigenarten der Geisteswissenschaften von aller Wissenschaft gelten, deren Objekt der Mensch ist. Nicht nur von der »Geschichte«, sondern ebenso auch von dem, was man etwa die systematischen Menschheitswissenschaften nennen kann, wie die Wissenschaft von der menschlichen Gesellschaft oder einer ihrer Teilwissenschaften, wie der Nationalökonomie. Auch hier die menschenwissenschaftliche Eigenart des Stoffes und seiner Auswahl, auch hier die spezifische Art des Erkennens aus dem Erlebnis. Vom Handwerk und vom Kapitalismus, vom Preise und von der Börse, vom Arbeitslohn und dem Bankdiskont kann ich kein Wort aussagen, ohne dass inneres Erlebnis mir die Zunge gelöst hätte (ich sei denn einer der Vielen: ein Papagei, der gehörte Worte mechanisch nachplappert). Was die Soziologie oder die Nationalökonomie (um an dieser zu beispielen) von der Geschichte unterscheidet, ist die »systematische« Art der Erkenntnis. Aber das »System« dient lediglich als ein Hilfsmittel, um den einzigen historischen Ablauf der Menschengeschichte besser zu erfassen. Was man zur Darstellung bringen möchte, ist Gegenwartsgeschichte und wenn möglich Zukunftsgeschichte. Zu diesem Behufe bedient man sich eines bisweilen recht kunstvollen Apparates, dessen einzelne Bestandteile sich etwa wie folgt beschreiben lassen.

1. Es wird eine Summe von Begriffen gebildet durch Zusammenstellung, der wie man glaubt, typischen Merkmale der Wirklichkeit zu einem Gedankenbilde und diese Begriffe werden zu einem Systeme zusammengefügt: Oberbegriffen untergeordnet usw.: Stadt,

Handwerk, Fabrik, Wirtschaft, Betrieb, Preis, Grund-
rente. Kapitalismus usw.

2. Es wird eine möglichst große Reihe von Kausalzusam-
menhängen in der Weise gebildet, dass mittels des iso-
lierenden Verfahrens die Wirkung bestimmter Ursachen (Motive) konsequent in Gedanken verfolgt wird:
Preisbildung, Grundrenten-, Lohn-, Profitbildung usw.

3. Es wird eine tunlichst große Masse von Einzelphäno-
menen in Gedanken zu einer Einheit zusammengefügt
entweder dadurch, dass sie auf einen Zweck (diese auf
andere usw.) bezogen werden: etwa Organe des Staats,
Funktionen des Handels usw. oder auf Motive (diese
wieder auf andere) zurückgeführt werden: etwa die
Entstehung der modernen Stadt aus den Interessen
des Kapitalismus usw.

4. Letztlich werden reale Gestaltungstendenzen auszu-
weisen versucht in der Weise, dass regelmäßig wie-
derkehrende Massenerscheinungen auf eine konstant
wirkende Triebkraft (etwa das Gewinnstreben des kapitalistischen Unternehmers) zurückgeführt und somit (solange dieselbe Triebkraft weiter wirkt und dieselben Bedingungen auch sonst erfüllt sind) als auch
in Zukunft sich fortsetzende nachgewiesen werden:
etwa die Verelendungstheorie, die Akkumulations-
oder Konzentrationstheorie das »Gesetz« der fallenden Lohn-, der fallenden Exportquote usw.

Das »Gesetz« … Womit wir dann an das allerdelikateste
Problem gerührt haben, das die Wissenswissenschaft kennt.
Wiederum wird in der verschiedenen Bedeutung, die das
»Gesetz« für Natur- und Menschenwissenschaft hat, deren
Grundverschiedenheit selbst sich deutlich erkennen lassen.

Die Naturerforschung gipfelt im Gesetz: das Gesetz ist
die Erkenntnis. Das Gesetz, das heißt also: eine mathemati-
sche Formulierung, die die regelmäßige Aufeinanderfolge

von Naturvorgängen in der Weise durch ziffernmäßige Inbeziehungsetzung mess- oder wägbarer Größen zu einer gedanklichen Einheit ordnet, dass kein Phänomen unbeschrieben und eine Unterordnung einzelner Fälle unter die allgemeine Regel möglich ist.

Gibt es solche Gesetze für die Menschenwelt, sind wir überhaupt auf dem Wege, sie zu finden, haben wir auch nur den geringsten Ansatz dazu? Antwort: nein. Was wir an derartigen Gesetzen etwa im Bereich der Nationalökonomie haben, sind nur verkappte Naturgesetze; wie etwa das Gesetz des abnehmenden Bodenertrages. Ein Gesetz, das Menschentun, auf welchem Gebiete es auch immer sich betätigen möge, beherrschte, also immer und allgemein gültig wäre, gibt es kein einziges.

Der Grund für diese scheinbar seltsame Tatsache erhellt ohne weiteres aus der Eigenart des Wissens vom Menschen, wie wir es in seinen Grundzügen kennen gelernt haben. Wie sollte ein »Gesetz« von allgemeiner Geltung aufgestellt werden, da doch Objekt (Stoff) und Kräfte in der Menschheitsgeschichte unausgesetzt wechseln? Das Fallgesetz, das Verbrennungsgesetz stelle ich auf in der stillschweigenden Annahme, dass, so lange unsere Irdischkeit dauert, Stoff und Kräfte dieselben bleiben, die den Stein zum Fallen, das Holz zum Brennen bringen und dass sie in stets derselben Wirksamkeit andauern werden, Preisgesetze aber werden nur gelten:

1. Wenn und solange Menschen bestimmte gewandelte und wandelbare Beziehungen zueinander eingehen (ihre Erzeugnisse auf dem Markt gegen einander tauschen).

2. Wenn und insoweit die laufenden und verkaufenden Menschen eine ganz bestimmte (keineswegs immer vorhandene) Seelenstimmung aufweisen. Das Muss des Steinfalles ist doch ein Wesensanderes als das

Muss des Käufers, einen bestimmten Preis zu zahlen. Das Essenzielle des gesetzmäßigen Naturvorgangs ist die mathematisch sich gleichbleibende Kraftwirkung, das Wesentliche des Marktvorgangs eine stets vorhandene Ungleichheit der Motivation und Handlung der die »Kräfte« bildenden lebendigen Individuen.

Das »Preisgesetz« ist also nicht nur in seiner Ausdehnung (extensiv), sondern ebenso sehr und noch mehr in seiner Wirksamkeit und somit Bestimmbarkeit (intensiv) beschränkt.

Seine Bedeutung für die Nationalökonomie ist also grundverschieden etwa von der des Fallgesetzes für die Mechanik. In ihm kommt jene oben genannte Abstraktionstendenz, deren wir uns als Hilfsmittel zur Erkenntnis der Wirklichkeit bedienen, zum Ausdruck. Wir verfolgen die mögliche Wirkung eines bestimmten Motivs (den Wunsch, möglichst teuer zu verkaufen, möglichst billig zu kaufen) in Gedanken und formulieren diese Fiktion zu einem Gesetz, das aber möglicherweise überhaupt nie in Wirksamkeit tritt. Diese »Gesetze« sind nicht die Erkenntnis, sondern bereiten die Erkenntnis nur vor. Wenn ich die Wirkung der Steigerung der Edelmetallproduktion »theoretisch« festgestellt habe (z.B. in dem Satze: ist mit der Zunahme der Produktion eine Verminderung der Produktionskosten verbunden, so steigen die Preise, im andern Falle nicht) so habe ich wirkliche Erkenntnis noch gar keine. Diese gewinne ich erst dadurch, dass ich die Wirkung der Entdeckung von Potosi oder Kaliforniens usw. in *concreto* untersuche. Während also die naturwissenschaftlichen Gesetze den Bestand an Erkenntnis darstellen, über den die Naturwissenschaften verfügen, sind soziale »Gesetze« nichts anderes als ein technischer Apparat, um damit Erkenntnisse zu gewinnen. Sie sind nicht das Ende, sondern der Anfang der Erkenntnis.

Neben diesem technischen Hilfsapparat gibt es dann in den Geisteswissenschaften noch jene ebenfalls bereits gekennzeichneten »Entwicklungstendenzen«, die man gelegentlich auch als Gesetze anspricht. Sie tragen nun aber ganz und gar nicht den Charakter eines »Gesetzes«, wie die Naturwissenschaft ein Gesetz versteht. Vor allem deshalb nicht, weil sie gar keine allgemeine Formulierung für beliebig sich einstellende Einzelfälle sind, sondern nur den wahrscheinlichen Verlauf eines einzigen Vorgangs voraussagen wollen. Das »Konzentrationsgesetz« hat immer nur Geltung für ein einziges historisches Milieu: eine zeitlich eng umgrenzte Epoche des Kapitalismus in den modernen Staaten und kann selbst in diesem Milieu etwa durch einen bewussten Eingriff der Staatsgewalt oder durch die Veränderung des Kräfteverhältnisses (der Willensintensität) der beteiligten Personen in jedem Augenblicke aus der Welt geschafft werden. Was also soll die Gleichstellung derartiger »Entwicklungstendenzen« (deren Ermittlung nebenbei bemerkt sehr nützlich sein kann) mit den »ewigen ehernen Gesetzen«, die die Naturforscher für den ewig gleichen Ablauf des Naturgeschehens formulieren?!

IV.

So ist es kein Wunder, wenn schließlich sich die Geschichte der einen und der andern Wissenschaft als etwas ebenfalls Grundverschiedenes darstellt.

Die Geschichte der modernen Naturforschung – der modernen, das heißt also derjenigen, die auf den Prinzipien der Quantifizierung fußt – erscheint uns im Wesentlichen als eine immer größer werdende Sammlung von Einzelwissen. Am Ende einer Generation ist ein bestimmtes Maß gesicherten Wissens vorhanden, das wie Korn in der Kornkammer ausgeschüttet liegt und zu dem nun die folgende Generation ihren Teil hinzu trägt. Man ist stolz, von einer »fortschreitenden Erkenntnis« zu sprechen und hat die Vorstellung (auch hier steht der Geist im Banne der quantifizierenden Methode) a ob es nur einer immer noch stärkeren Vermehrung des Besitzes an Wissen bedürfte, um schließlich zu erkennen: »was die Welt im Innersten zusammenhält«. So fühlt sich auch jeder Naturforscher als ein Glied in einer großen Kette. Er steht auf den Schultern eines Vormanns und wer es schließlich erlebt, wird so hoch gestiegen sein, dass er die Sterne greifen kann. Er fühlt sich aber auch nur als der (unpersönliche) Mehrer im Reiche seiner Wissenschaft. Das Wissen von der Natur wird objektiviert, sobald es zutage gefördert ist. Die einzelnen Erkenntnisse erscheinen als rein sachliche Erkenntnisse ohne jede persönliche Note. Kein Mensch sieht dem Fallgesetz an, dass G a l i l e i , dem Verbrennungsgesetz, dass L a v o i s i e r , dem Gesetz von der Erhaltung der Kraft, dass R o b . M a y e r sein Vater ist.

Ganz das Gegenteil trifft für die Geisteswissenschaften zu. Hier trägt jede Leistung einen persönlichen Charakter, und wenn es auch nur (wie meist) der Charakter der Stümperei ist. Die großen Schöpfungen sind aber höchstpersönliche Werke wie der Moses von Michelangelo oder der Fidelio von Beethoven. Sie reihen sich deshalb auch nicht irgendwo in eine Kette von andern Leistungen ein. Sie stehen für sich da, neben andern. Sie fangen von vorn an, ein Wissensgebiet zu durchleuchten. Von irgendwelchem Ansammeln von objektiver Erkenntnis (wenn man von dem Tatsachenmateriale absieht) ist keine Rede; von einem Weiterbauen ebenso wenig. Die Geschichte der Wissenschaft vom Menschen stellt sich uns nur mehr dar als ein Nach- und Nebeneinander persönlicher Schöpfungen, die sich dann von Zeit zu Zeit zu bestimmten Manieren, »Methoden« genannt, verhärten, um die ein oft recht unnützer Meinungskampf entbrennt. Es sind dann die Kleinen, die sich dieser oder jener Manier eines Meisters bemächtigen und um sie streiten, als käme es darauf an, nach welcher »Methode« geschaut wird, während es doch nur bedeutsam ist, dass Einer Augen zum Sehen, Ohren zum Hören und einen Mund zum guten Aussprechen hat.

Es ist begreiflich genug, dass die Geschichte der Geisteswissenschaften so verläuft und so grundverschieden von der der Naturwissenschaften sich gestaltet. Denn es sind ja immer neue Objekte, die zu betrachten sind, immer neue Menschen, die sie anschauen, immer neue Bedingungen, unter denen die »Erkenntnis« zustande kommt. Man wird doch gewiss nicht sagen wollen, dass die »Geschichtswissenschaft« von Thuchdides zu Tacitus zu Macchiavelli zu Mommsen irgendwelchen »Fortschritt« gemacht habe, dass unser Wissen vom Leben der Völker (unbedeutende Einzelheiten außer Acht gelassen) in dreitausend Jahren irgendwie »vermehrt« worden sei. Oder man wird doch nicht behaupten wollen, dass die Staatslehre seit Aristoteles oder Montesquieu irgendwie »weiter« gefördert sei. Oder man wird doch nicht so töricht sein zu glauben, dass unsere Einsicht in den Zusammenhang des Wirtschaftslebens tiefer sei als die Pettys oder Gantillons; man wird vielmehr festzustellen haben, dass alles was gescheite Merkantilisten gelehrt haben, genau ebenso richtig und ebenso falsch war als das, was Q u e s - n a h und A d a m S m i t h zu ihrer Zeit als die Wahrheit verkündeten und dass deren Wissen ebenso tief ging (wenn nicht tiefer) als unseres von heute.

Diese Betrachtungen gewähren uns nun aber erst die Möglichkeit, mit Sicherheit den Wert einer Leistung auf dem Gebiete der Natur- oder Menschenwissenschaft zu ermessen; insbesondere auch zu entscheiden: wie beschaffen die großen schöpferischen Geister in diesen

Wissenschaften sein müssen. Alles was wir bisher erkannt haben drängt zu der Annahme, dass große Leistungen in den Natur- und Geisteswissenschaften ganz verschiedenen Charakter tragen, dass große Naturforscher und große Menschenforscher aus ganz verschiedenem Holze geschnitzt werden.

Selbstverständlich werden sie in vielem einander ähneln. Der große Denker wird immer bestimmte Züge tragen, die ihn vom wissenschaftlichen Schuster ebenso unterscheiden wie von dem bedeutenden Menschen anderer Begabung. Er wird einen umfassenden Überblick über alles Tatsächliche haben. Dazu die Fähigkeit der Abstraktion und doch eine große sinnliche Schau. Er wird ein scharfes Unterscheidungsvermögen und Sinn für das Wesentliche besitzen. Eine große Darstellungskraft und große Arbeitsenergie. Und er wird vor allem dadurch von dem gewöhnlichen Handwerker unterschieden sein, dass sein bestes Schaffen aus den Tiefen seiner Seele ungewollt hervorbricht und unterhalb der Schwelle des Bewusstseins sich abspielt.

Dann aber: wie grundverschieden sind die Aufgaben, die des Naturforschers harren, von denen, die der Menschheitsforscher zu lösen hat; wie grundverschieden also muss die Begabung der beiden sein, damit sie je aus ihrem Gebiete Großes leisten!

Was den bedeutenden Naturforscher macht, ist die Fähigkeit, angefangene Gedankengänge bis zu Ende zu führen, das heißt bis zu dem Punkte, wo eine Fülle von Erscheinungen sich durch eine denkbar einfache Formel beschreiben lässt. Er ist immer ein Vollender. Und was ihn befähigt, dies zu sein, ist seine überragend große Abstraktionskraft. Er muss ein genialer Rechner sein, der mit endlosen Zahlenreihen ins Bett geht und am nächsten Morgen imstande ist, dasselbe Zahlen- oder Körperbild unverändert vor seinem geistigen Auge erstehen zu lassen. Er muss ein geschickter Kombinator sein, der hundert mögliche Gestaltungen sich vorzustellen die Kraft hat, um von ihnen eine als die richtige, die die »Lösung« enthält, zu erkennen.

Vom Menschenforscher erwarten wir keine »Lösungen«, man könnte vielmehr mit einiger Paradoxie sagen: wir verlangen von ihm Problemstellungen. Was ihn vor den andern groß macht, ist immer die neue Ansicht von der Welt und den Menschen. Auch er ist groß als Entdecker. Aber nicht als Entdecker (lies Formulierer) von Gesetzen, sondern als Entdecker von Menschen und menschlichem Wesen. Was wir an ihm schätzen, ist die Kraft, Menschen lebendig zu machen und sie uns in ihrem Denken und Fühlen und Tun leibhaftig vor Augen zu stellen. Was macht denn, um ein paar beliebige Namen aus unserer Zeit zu nennen, C a r l y l e und T a i n e , M o m m s e n und B u r k h a r d t , G n e i s t und T r e i t s c h k e , I h e r i n g und V i k t o r   H e h n zu großen Forschern? Doch nicht, dass sie uns irgendein »Gesetz« formuliert hätten, sondern dieses: dass sie uns Menschen schauen ließen. Die einen haben den Revolutionsmenschen entdeckt, die andern den Römer oder den Renaissancemenschen oder den englischen Adligen oder den Italiener oder den preußischen Bürokraten des *anoien régime* usf. Was sichert M o m m s e n den ewigen Ruhm? Ganz gewiss nicht seine 1500 gelehrten Traktate, die er mit unübertroffener Akribie und Sachkunde verfasst hat (aber an Akribie und Sachkunde kommt ihm manch ein beliebiger Professor gleich). Auch nicht seine Edition des *Corpus inscriptionum.* Sondern er wird fortleben als der Verfasser seiner römischen Geschichte, in der er in hellseherischer Klarheit das Römertum geschaut und uns mit genialer künstlerischer Gestaltungskraft vor Augen gestellt hat.

Damit aber der Menschheitsforscher diese von uns allein gewertete Leistung vollbringen könne, braucht er kein großer Rechner, kein großer Abstrahist zu sein. Aber was er sein muss: ein großer Erleber. Der Strom des Lebens muss durch ihn hindurchfluten; er muss die Menschenwelt in seinem Innern lebendig werden lassen und muss sie in uns durch die sinnliche Kraft seiner Darstellung ebenfalls wieder erwecken, sodass sie auch uns zum Erlebnis werde. Dazu gehört (und dadurch unterscheidet sich der große Forscher vom Professor): dass Blut und keine Tinte in seinen Adern fließe.

Alle »Entwicklung« des Wissens vom Menschen (wenn wir schon von Entwicklung sprechen wollen) erschöpft sich in dem immer wiederkehrenden Vorgange: dass von einem großen Schauer Menschen entdeckt und hingestellt werden, dass dann langsam von den gelehrten Spinnen das Bild so lange durch allerhand Spezialistentum übersponnen wird, bis es ganz und gar unkenntlich geworden ist und durch eine neue schöpferische Leistung ersetzt werden muss, um lebendig zu bleiben. Wo die Schauer fehlen, haben die Schuster zu tun. Und ihr Werk ist es, das Lebendige mit totem Wissenskram zuzudecken, den Menschen und sein Wirken durch allerhand Abstraktionen zu ersetzen. Man schaue sich den trostlosen Zustand der Verwahrlosung an, in den unsere Geschichtsschreibung heute geraten ist, nachdem seit einem Menschenalter kein großer Lebendiger mehr sich an der Geschichtsforschung beteiligt.

Fraglich könnte wiederum nur sein, ob alles dieses etwa bloß für die Geschichtsforschung im engeren Sinne, dagegen nicht auch für die systematische Wissenschaft vom Menschen in der Geschichte, für Soziologie und ihre Unterwissenschaften wie Nationalökonomie Rechtswissenschaft usw. Geltung habe. Aber ich glaube, dass auf dem Gebiete der systematischen Sozialwissenschaften auch immer nur die Männer Großes leisten werden, die stärkstes Erlebnis mit großer Darstellungskraft verbinden. Nur dass die Fähigkeit zu erleben eine besondere Nuance aufweisen muss: es muss eine Fähigkeit sein, das Typische im Menschenschicksal in sich lebendig werden zu lassen, während der »Historiker« den Sinn für das Einzigartige im Völkerleben vor allem besitzen muss. Aber auch das Typische im Menschen mache ich mir nur durch das Erlebnis zu eigen: wie sollte ich über das Handwerk ein Wort aussagen können, ehe ich nicht spezifisch Handwerkerhafte einmal (außerhalb aller begrifflichen Feststellungen) in mir erlebt: empfunden, ich möchte sagen geschmeckt habe. Und als ein großer Sozialforscher wird uns der gelten, der große wichtige Menschentypen entdeckt und ihr Wesen uns übermittelt hat. Vorausgesetzt, dass er auch die Fähigkeit besaß, die Einzelbeobachtungen in einem großen Zusammenhang zu stellen und uns kraft eines glücklichen Begriffssystems den Eindruck eines einheitlichen Zusammenstimmens aller Einzelphänomene zu verschaffen.

V.

Ich denke: nun empfindet man schon, wie verfehlt es ist, einem Manne wie M a r x und seinem wissenschaftlichem *Oeuvre* dadurch gerecht werden zu wollen, dass man ihm – wie einem Naturforscher – einen bestimmten Platz in dem Entwicklungsgange der sozialen Wissenschaft einräumt, dass man ihn in Reih und Glied mit seinen Vorgängern und Nachfolgern einordnet, dass man das Quantum objektiven und dauernd gesicherten Wissens ausweist, das wir ihm verdanken oder gar die »Gesetze« namhaft macht, die er aufgestellt hat.

Würde danach die Größe eines Menschheitsforschers ermessen werden, so stünde es schlimm um K a r l M a r x und sein Renommee als großer Denker. Denn was wir ihm an neuen »Gesetzen« verdanken, sahen wir schon, ist herzlich wenig und nicht zu vergleichen mit dem, was uns Geister minderen Ranges – R i c a r d o , S e n i o r , v o n T h ü n e n , J e v o n s u.a. – hinterlassen haben. Den technischen Hilfsapparat nationalökonomischer Gesetze hat M a r x kaum vermehrt. Er ist darin über R i c a r d o nicht wesentlich hinausgekommen: die Preisgesetze, die Verteilungsgesetze usw. R i c a r d o s hat er wohl hie und da verbessert, aber in ihren Grundzügen unverändert gelassen. Seine Versuche, neue »Gesetze« jener Art zu formulieren, sind fast durchgängig gescheitert. Die Anläufe, im zweiten Bande des Kapitals, R i c a r d o s Lehren für die Fragen des Kapitalumschlags usw. weiter zu führen, sind im Sande verlaufen.

So blasphemisch es den Ohren manchen Marxverehrers klingen mag: ich wage es doch auszusprechen, dass M a r x e n für derartige Gesetzesschmiederei offenbar ein notwendiges Requisit fehlte: die Abstraktionskraft und in weiterem Sinne – die Verstandesschärfe. Ich entsinne mich noch, welches Entsetzen mich damals packte, als ich zum ersten Male das Urteil von R o s c h e r über K a r l M a r x las, das in seinen Hauptsätzen also lautet (Gesch. der Nationalökonomik in Deutschland S.1021): »Theoretisch ist dieser geistreiche aber nicht scharfsinnige Mann wenig geeignet, komplizierte Erscheinungen auf ihre einfachen Elemente zurückzuführen …« Heute scheint mir dieses Urteil durchaus das Richtige zu treffen. Denn einem Mangel an Verstandesschärfe begegnen wir allerorten in den M a r x 'schen Schriften. Das zeigt sich ganz besonders auch in der Art und Weise, wie er die Begriffe bildet und handhabt. M a r x definiert fast nie und seine Begriffe sind oft genug mehrdeutig und verschwommen: Wert, Mehrwert, Kapital, Fabrik, Betrieb, industrielle Reservearmee,

Akkumulation, Konzentration, Verelendung und viele andere tragende Begriffe in seinem System entbehren durchaus der scharfen Prägung, sodass manche Partien des »Kapitals« als Seminararbeiten eine ganz schlechte Note verdienten. Unsere Schulmeister haben darum auch von M a r x eine nur geringe Meinung: diejenigen Leistungen, die *au niveau* ihres eigenen Fassungsvermögens liegen, sind tatsächlich nicht berühmt.

Aber sie entscheiden auch ganz gewiss nicht über die geschichtliche Bedeutung eines Denkers wie M a r x. Zumal in unserer Zeit ist die Beschäftigung, die sich auf die Vervollkommnung des technischen Apparates der sozialen Wissenschaften richtet, zu einer wahren Schusterarbeit geworden, die recht und schlecht von einem beliebigen Ordinarius der Nationalökonomie ausgeführt werden kann.

Was aber ist es denn nun in Wirklichkeit, das M a r x die überragende Größe als Menschheitsforscher verleiht? Nun offenbar ein Geist, der in Überlebensgröße sich in diesem Menschen betätigen konnte: eine wundersame Fruchtbarkeit an neuen und schöpferischen Ideen, an unerhörten Gesichten.

Kraft dieses Geistes – seines Schaffens selbst völlig unbewusst – wurde Marx der Begründer der modernen systematischen Sozialwissenschaft, für die er überhaupt erst die Möglichkeit geschaffen hat.

Zunächst holte er die Nationalökonomie aus den nebelhaften Regionen der Teleologie, in die sie sich verstiegen hatte, herunter und stellte sie auf den sicheren Boden einer durchgängig kausalen, von allem ethischen oder utilitarischen Beiwerk freien Betrachtungsweise. Was das bedeutete, vermögen wir zu ermessen, wenn wir die Nationalökonomen, die an Marx vorbeigegangen sind, betrachten: wie sie noch heute zwischen Kausalität, apriorischer

Teleologie und dilettantischer Ethik als orientierende Prinzipien hilflos hin- und herschwanken.

Dann aber zeigte er uns, wie man die Einsicht in den historischen Charakter des Wirtschaftslebens, also seine stete Wandelbarkeit im Ablauf der Geschichte vereinigen kann mit einer systematischen Erfassung der ökonomischen Vorgänge. Er vereinigte die Errungenschaften der klassischen Nationalökonomie mit den Ergebnissen der historischen Schule, i n d e m e r d e n B e g r i f f d e s W i r t s c h a f t s s y s t e m s (wenn auch nicht mit klaren Worten) s c h u f u n d i h n z u m O b j e k t e d e r n a t i o n a l ö k o n o m i s c h e n W i s s e n s c h a f t m a c h t e. Damit begründete er gleichzeitig die Nationalökonomie ausdrücklich als eine soziale Wissenschaft, deren Objekte die historisch wandelbaren Beziehungen von Menschen unter einander sind (und nicht etwa irgendwelche Naturzusammenhänge ewig gleichen Inhalts, wie man vor M a r x so oft irrtümlich geglaubt hatte).

Indem er dann einen bestimmten Zusammenhang zwischen den wirtschaftlichen Vorgängen und allen übrigen Erscheinungen der menschlichen Kultur nachwies, zeigte er – so unvollkommen auch seine Formulierung sein mag – doch den einzigen Weg, auf dem auch eine allgemeine systematische Gesellschaftslehre sich einmal wird entwickeln können.

Das sind seine großen Leistungen als Methodiker und Systematiker, aber es sind noch nicht seine größten Leistungen. Diese sind vielmehr Entdeckertaten allerersten Ranges.

Wenn ich sagte: er machte eine systematische Betrachtung des Wirtschaftslebens ans geschichtlicher Grundlage möglich dadurch, dass er das Wirtschaftssystem zum Gegenstand der Untersuchung nahm, so muss nun hinzugefügt werden, dass er als Erster das unsere Zeit beherrschende Wirtschaftssystem in seiner spezifischen Eigenart erkannte, dass er also (wie man mit Recht gesagt hat) zum Entdecker des Kapitalismus wurde.

Diese Entdeckung möchte ich aber noch etwas genauer beschreiben und dann verallgemeinern.

Was M a r x entdeckte, war nicht sowohl eine Summe von Rechtseinrichtungen und Wirtschaftsweisen, wie sie ein Wirtschaftssystem bilden, als vielmehr die hinter diesen Einrichtungen und Vorgängen steckenden lebendigen Menschen. Er entdeckte die Subjekte des Kapitalismus: die kapitalistischen Unternehmer: die »*eminent spinners*«, die »*extensive sausage makers*« und die »*influential shoe black dealers*«, diese eigentümliche Abart des *homo sapiens* und wusste aus ihrer Psyche heraus das ganze große Getriebe der marktmäßig organisierten Wirtschaft zu erklären.

Damit hatte er aber noch mehr entdeckt: den Menschen, den lebendigen Menschen als Gegenstand sozialwissenschaftlicher Forschung überhaupt. So seltsam es klingt, wenn man es ausspricht: es wird doch keinem Zweifel unterzogen werden können, dass M a r x als Erster, statt von blutleeren Begriffen, von Menschen in seiner Nationalökonomie handelte; oder richtiger ausgedrückt: dass er bei seinen begrifflichen Erörterungen jederzeit die Vorstellung des Lebens in uns zu erzeugen wusste. Da liegt, scheint mir, das Geheimnis: weshalb uns die Lektüre einer marxischen Schrift, vor allem natürlich die Lektüre des ersten Bandes des Kapitals immer wieder fortreißt wie ein spannender Roman. Die Seelenstimmungen, die M a r x in uns auslöst, sind wesensandere als die, die irgendein anderer sozialer Denker in uns erweckt. Man prüfe sich; vergleiche die besten Nationalökonomen vor Marx: etwa C a n - t i l l o n oder Q u e s n a y oder A d a m S m i t h oder R i c a r d o . Kein einziger treibt uns das Blut zum Herzen, wie M a r x es tut (und das nicht etwa wegen der politischen Tendenz, von der ist keine Rede, sondern wegen der

57

ganz ihm eigenen Erfassung des lebendigen Menschen, den er in greifbarer Gestalt vor uns sich bewegen lässt).

Durch alle mystische Hegelei, durch alle verzopfte Systembildung, durch alle scholastische Dogmenregistrierung hindurch schaut uns immer wieder das feiste Gesicht des englischen Manufakturers an, werden wir die ausgemergelte Gestalt des englischen Proletariers der 1840er Jahre gewahr.

Wo wir auch immer das »Kapital« aufschlagen mögen, immer weht uns das frische Leben entgegen: Beliebig herausgegriffene Stellen:

»Um das Gold als Geld festzuhalten und daher als Element der Schatzbildung muss es verhindert werden, zu zirkulieren oder als Kaufmittel sich in Genussmittel aufzulösen. Der Schatzbildner opfert daher dem Goldfetisch seine Fleischeslust. Er macht Ernst mit dem Evangelium der Entsagung. Andererseits kann er der Zirkulation nur in Geld entziehen, was er ihr in Ware gibt. Je mehr er produziert, desto mehr kann er verkaufen. Arbeitsamkeit Sparsamkeit und Geiz bilden daher seine Kardinaltugenden ... «

»Beim Scheiden von dieser Sphäre der einfachen Zirkulation oder des Warenaustausches, woraus der Freihändler *vulgaris* Anschauungen, Begriffe und Maßstab für sein Urteil über die Gesellschaft des Kapitals und der Lohnarbeit entlehnt, verwandelt sich, so scheint es, schon in etwas die Physiognomie unserer *dramatis personae*. Der ehemalige Geldbesitzer schreitet voran als Kapitalist der Arbeitskraftbesitzer folgt ihm nach als sein Arbeiter; der eine bedeutungsvoll schmunzelnd und geschäftseifrig, der andere scheu, widerstrebsam wie jemand der seine eigene Haut zu Markt getragen und nun nichts anderes zu erwarten hat als die – Gerberei.«

Und dann der ganze dritte, vierte, fünfte Abschnitt in denen ein tolles Leben pulsiert, wie nicht in hundert anderen Traktaten der Nationalökonomie zusammengenommen. Damit habe ich denn auch schon die Form berührt, in der uns M a r x seine Gedanken darbietet. Dass die Darstellungskraft nicht zuletzt den großen Menschheitsforscher macht, habe ich schon gesagt. Nun – welche unerhörte Gewalt steckt in der Ausdrucksweise M a r x e n s . Professorale Huzzelmännchen haben an seinem Stil herumgemäkelt. Und ganz gewiss enthält der viel Unarten, aber Unarten eines Sprachkünstlers ersten Ranges, die wir ihm nachsehen müssen, ebenso wie seine Derbheiten und seine schlechten Witze. Wenn Marx schreibt, so ist es, wie wenn ein Vulkan Feuer speit; da fliegen auch Asche und Steine und Schlamm mit aus dem Krater heraus. Wie durchglüht seine Sprache ist; wie sie sich dem Gegenstande anzupassen weiß; mit welcher Leidenschaftlichkeit, mit welcher Eindringlichkeit die Gedanken entwickelt werden; welches stürmende Drängen nach dem Ende einer Schlussreihe! Wie glitzern und gleißen die Bilder! Wie sprudelt und quillt das Tatsächliche hervor wie aus einem unerschöpflichen Borne!

Wenn wir dagegen irgendeine Darstellung eines anderen auch bedeutenden Denkers halten, etwa die von R o d - b e r t u s , mit dem ja M a r x so oft verglichen wird und der viele der M a r x 'schen Gedankengänge vielleicht vor Marx gegangen ist. Wie armselig, wie nüchtern, wie dünn ist das alles! Als ob man Moses Mendelsohn gegen F i c h t e oder H e g e l hielte oder die Kartons des Cornelius mit dem jüngsten Gericht Michelangelos in Parallele stellte.

Freilich – in Worten lassen sich die spezifisch künstlerischen Valeurs, die das *Oeuvre* von M a r x so über alles Normalmaß emporheben ganz gewiss nicht voll zum Ausdruck bringen. Sie müssen selbst miterlebt, müssen empfunden, gefühlt, geschaut, geschmeckt werden. Wie auch das seltsam Dämonische, das in M a r x steckt, der Harm, das Michelangeleske, das Titanenhafte in ihm. Wer kann am letzten Ende sagen, warum Michelangelo und Beethoven groß sind? So wird man auch von den großen Menschheitsforschern nicht alles auszusprechen vermögen, was sie über die Menge erhebt. An ihren Wirkungen wird man sie erkennen. Und dass M a r x schon jetzt unendliches Licht verbreitet, unendliches Leben geweckt hat, daran herrscht ja kein Zweifel mehr, wie auch die Wirksamkeit seines Werkes in eine ferne Zukunft hinein gesichert erscheint. Seine Wirksamkeit als Kunstwerk, als Zeitenspiegel. So wie heute noch Plutarch und Plato und Tacitus und Caesar wirken. Wer vermöchte einen andern »Gelehrten« zu nennen, der auch nur ganz von ferne so viel Wissen vom sozialen Leben unserer Zeit verbreitet hätte wie K a r l M a r x . Ich wüsste keinen. Und nur ein Mann tritt mir vor Augen, den man neben M a r x stellen könnte als sozialen Schauer: E m i l e Z o l a . Wer von beiden uns tiefere Einblicke in unser Wirtschaftsleben hat tun lassen, größere Fernen unsern Blicken erschlossen hat, wird schwer zu entscheiden sein. Aber diese beiden bilden sicher eine Klasse für sich.

Und es ist am Ende gar nicht so wunderbar, wenn wir einen ganz großen sozialen Denker nur vergleichen können mit einem sozialen »Dichter«. Im Grunde ist das, was beide tun, nicht so arg verschieden, wie man oft uns glauben machen möchte. Die Form der Mitteilung ist verschieden. Nicht die Sache, von der sie uns Kunde geben. Wenn wir uns nur immer bewusst bleiben, dass alle Begriffs- und Systembildung, alle Gesetzesmacherei usw. bei der Erforschung der Menschenschicksale nur ein technischer Hilfsapparat sind, so werden wir dieser äußeren Form nicht das entscheidende Gewicht beilegen, wie es unsere Professoren tun. Wenn nun ein Mann mit geheimnisvoller Schau wie Z o l a in die innersten Zusammenhänge des Bank- und Börsenwesens, der Bergwerke und Eisenbahnen, der Warenhäuser und Handwerksbetriebe Einblick gewinnt und uns in künstlerischer Form mitteilt, was er gesehen hat:

ist das nicht tausendmal mehr »Erkenntnis« als die sterile Begriffsspielerei, mit der uns ein ausgedörrter Professor in seinem gelehrten Traktate ödet, ohne dass es ihm gelänge, irgendetwas Relevantes von der Wirklichkeit auszusagen?

In einsamer Höhe thront K a r l   M a r x . Wer ihm und seinem *Oeuvre* gerecht werden will, wird es nicht vermögen durch Betrachtungen, wie sie Friedrich Engels angestellt hat: das haben hoffentlich meine Ausführungen erwiesen. Aber freilich auch nicht dadurch, dass man auf die »Irrtümer« hinweist, die er begangen hat und die sicher so zahlreich sind, wie die »Wahrheiten«, die er ausgesprochen hat.

Mag von M a r x e n s   *Oeuvre* bald kein einziger Satz mehr der Kritik Stand halten: es wird doch in alle Ewigkeit groß und erhaben uns vor Augen stehen und seine Schönheiten uns zum Genusse bieten. Weil das, was es groß macht, die einzigartige Äußerung einer über alles normale Maß hinausragenden Persönlichkeit ist, die eine hellseherische Schau mit einer gewaltigen Kraft der Darstellung und einer leidenschaftlichen Glut des Gemüts verband.

Dadurch wurde das Werk ein lebendiges Werk: ein Werk, in dem Leben gebunden war und das jederzeit wieder Leben in andern auslösen kann. Das Lebendige in ihnen aber ist es, was die Werke der Menschheitsforschung wie die Werke der Künstler zur Unsterblichkeit erhebt.

*